Perlas de Sabiduría

Perlas de Sabiduría

30 ideas inspiradoras para disfrutar al máximo de tu vida

JACK CANFIELD,

MARCI SHIMOFF, CHRIS ATTWOOD Y JANET BRAY ATTWOOD

Obra editada en colaboración con Editorial Planeta – España

Título original: *Pearls of Wisdom*

Diseño de portada: Alejandra Ruiz Esparza

Imagen de portada: © Shutterstock

Primera edición impresa en España: octubre de 2013
ISBN: 978-84-08-11843-5

Primera edición impresa en México: noviembre 2013
ISBN: 978-607-07-1908-0

Impreso en los talleres de Litográfica Ingramex, S.A. de C.V.
Centeno núm. 162, colonia Granjas Esmeralda, México, D.F.
Impreso en México – *Printed in Mexico*

ÍNDICE

INTRODUCCIÓN DEL EDITOR

Perlas de sabiduría: 30 ideas inspiradoras para disfrutar al máximo de tu vida es un compendio de sabiduría y consejos de algunos de los mejores autores del género de autoayuda de nuestros días, tanto consagrados como jóvenes promesas.

Cada uno de estos gurús de la metamorfosis ha escrito un capítulo en el que, basándose en una experiencia personal, nos presenta una idea transformadora que nos permitirá mejorar nuestra vida desde este mismo instante. La diversidad es la seña distintiva de los capítulos, que van de lo cerebral (como por ejemplo la capacidad de reconocer los patrones fractales de nuestra vida) a lo práctico (la importancia de la relajación o instrucciones sobre meditación), pasando por la capacidad de inspirarnos en el camino al éxito y ayudarnos a recorrer este camino sin dejar de querernos a nosotros mismos.

Las ideas de *Perlas de sabiduría* están diseñadas para ser las llaves de muchas de las puertas que nos cierran el paso a una vida mejor, y tenemos la sincera esperanza de que, al llevar a la práctica al menos algunas de ellas, las vidas de nuestros lectores quedarán alteradas de maneras maravillosas y les permitirán encontrar la perla que todos llevamos dentro.

Sinceramente,
El personal de la editorial Hierophant

LA ACCIÓN INSPIRADA
ES LA CLAVE
PARA CONSEGUIR LAS COSAS

por Jack Canfield

A lo largo de mi vida he alcanzado un enorme éxito, y ello se lo debo a dos cosas. La primera es la capacidad de escuchar a mi intuición y de seguir las pautas que me ofrece mi yo interior (derivadas tanto de mi mente subconsciente como de Dios). He aprendido a meditar, a usar la visualización guiada y a interpretar las señales cinestésicas de mi cuerpo (lo que algunos llaman «hacer caso a tus tripas»). La segunda es actuar rápidamente en respuesta a los impulsos de mi yo interior. Y... ¡cuanto antes mejor!

El poder de pedir consejo al interior

Pedir consejo a mi yo interior por medio de la meditación me ha proporcionado ideas realmente estupendas, que han acelerado y multiplicado mi éxito personal y profesional. Cuando Mark Victor

Hansen y yo necesitamos un título para el libro de historias de motivación e inspiración que habíamos recopilado, me propuse meditar una hora diaria para encontrar uno perfecto. Simplemente le pedí a Dios que me lo enviara y luego me senté en silencio a esperar. Durante los dos primeros días no recibí nada, pero al tercero, de repente, apareció en mi cabeza una pizarra verde, como las que se usaban en los colegios. Y entonces surgió una mano delante de ella y escribió *Chicken Soup* (Sopa de pollo) en el encerado. Me la quedé mirando un momento y entonces le pregunté a la que asumía que era la mano de Dios: «¿Qué tiene que ver la sopa de pollo con este libro?»

La respuesta fue: «Cuando eras niño, tu abuela te preparaba sopa de pollo.»

«Pero éste no es un libro sobre gente enferma», repuse.

A lo que la voz respondió: «La gente tiene el espíritu enfermo.»

Esto sucedió en 1992, durante la recesión que acompañó a la primera guerra del Golfo, cuando, en efecto, mucha gente vivía sumida en el miedo, la desesperación y la resignación.

Estuve dándole vueltas al título «Sopa de pollo para el espíritu», pero había algo en él que no me gustaba, hasta que se me ocurrió cambiarlo por «Caldo de pollo para el alma»... y al instante sentí que se me ponía la piel de gallina. Es lo que Mark suele llamar los «escalofríos de Dios», y la verdad es que casi siempre los experimento cuando se me ocurren mis mejores ideas.

Al instante abandoné la meditación y fui a contárselo a mi esposa, cuya reacción fue la misma. Llamé a Mark y exactamente igual: piel de gallina. Y lo mismo con nuestro agente. Al final del día teníamos el título completo: *Caldo de pollo para el alma: Historias para abrir el corazón y sanar el espíritu*. Parecía que, definitivamente, habíamos dado con algo importante.

Tras la inspiración, la acción

A veces la inspiración llega sin que tengamos que pedirla. Otras, la pedimos y luego debemos crear el espacio de silencio necesario para recibirla. Puede suceder cuando estamos tumbados en la cama, en un estado de onírica semiinconsciencia, mientras nos damos una ducha o en mitad de un paseo por la playa o por el bosque. Pero cuando aflora, hay que agarrarla y actuar sin perder un instante. Mi propia experiencia me ha llevado al convencimiento de que cuando aparece la inspiración se abre una especie de lapso en el que, si actuamos basándonos en ella, los resultados serán óptimos.

Mark, nuestro agente y yo viajamos a Nueva York para tratar de vender nuestro libro. Por desgracia, durante los tres días que estuvimos en la ciudad, a ninguna persona de las quince editoriales que visitamos se le puso la piel de gallina. Todo el mundo nos dijo que nadie compraba recopilaciones de historias cortas y que el título era estúpido. Nuestro agente se desanimó tanto que nos devolvió el libro diciendo que no podía venderlo.

Consistencia y persistencia en la acción

En aquel momento tuvimos que escoger entre seguir creyendo en nuestro sueño y confiar en la guía de nuestro yo interior o dar crédito a los agoreros de la industria editorial. Pues bien, uno de los secretos del éxito que me ha enseñado mi propia experiencia es que nunca debes abandonar los sueños que nacen en el fondo de tu corazón. De hecho, a estas alturas, nuestro sueño se había convertido en una especie de obsesión divina. A lo largo de los cinco meses siguientes, 144 editoriales rechazaron nuestro libro. Finalmente, en el Congreso de la Asociación de Editores Estadounidenses, nos pasamos tres días recorriendo el salón principal y preguntando a centenares de editores «¿Querrían publicar esta obra?» A última hora del tercer día,

Health Communications, Inc., una pequeña editorial de Deerfield Beach, Florida, se arriesgó a darle una oportunidad. Un mes más tarde decidieron publicarlo.

La regla de las cinco

Cuando el libro salió por fin a la venta, en julio de 1993, no se convirtió en un éxito de la noche a la mañana. De hecho, hasta transcurrido un año no se encaramó a los primeros puestos de las listas de ventas. Pero durante aquel año, Mark y yo acuñamos la que bautizamos como «Regla de las cinco». Decidimos que no pasaría un solo día laborable sin que lleváramos a cabo cinco acciones encaminadas a promocionar nuestro libro. Un día llamábamos a cinco emisoras de radio y les pedíamos que nos entrevistaran para hablar sobre el libro. Otro enviábamos una copia gratuita a cinco críticos o personas influyentes. Una de ellas fue la presentadora del programa de televisión «Touched by an Angel». El libro la conmovió de tal manera que pidió a todos sus guionistas, operadores, cámaras y colaboradores que lo leyeran. Les dijo que las emociones que nuestras historias hacían brotar eran las mismas que ella quería mostrar en su programa. La historia llegó a las páginas de la revista *Variety* y luego a

Associated Press, lo que se tradujo en millares de ejemplares vendidos. También compramos el libro de John Kremer *1001 Ways to Market Your Book* («1001 maneras de comercializar un libro»), escribimos cada uno de sus consejos en una notita y las pegamos sobre una enorme pared de nuestra oficina. Cada día llevábamos a cabo una de sus sugerencias. Y finalmente, *Caldo de pollo para el alma* llegó al número uno de ventas de *The New York Times*, donde permaneció durante casi tres años, después de haber vendido diez millones de copias.

Así que paraos un momento y preguntaos: «¿Cuáles son las cinco acciones que tengo que realizar todos los días para obtener mi objetivo principal?» Si vuestro objetivo principal es perder veinticinco kilos, las acciones podrían ser: 1) hacer cuarenta y cinco minutos de ejercicio aeróbico; 2) beber diez vasos de agua; 3) hacer pesas durante quince minutos; 4) practicar la meditación durante quince minutos; o 5) leer o escuchar un CD sobre motivación o sobre adelgazamiento durante quince minutos. Otras posibilidades serían no comer postre, desterrar el azúcar de vuestra dieta, eliminar los carbohidratos de índice glucémico alto, dar un paseo después de la cena o dormir durante ocho horas. Y lo que tendríais que hacer es repetir las mismas cinco cosas (o al menos cinco de una lista de diez) durante todos los días.

La regla de las cinco se puede aplicar también a los objetivos profesionales. Un buen ejemplo es la fórmula 5-10-15-5 de Keller-Williams. Según sus autores, todo el que la utilice tiene el éxito garantizado en el negocio inmobiliario. Se trata de tener cinco reuniones en persona con compradores o vendedores potenciales. Mantener diez conversaciones telefónicas. Enviar quince mensajes de agradecimiento a personas con las que te has reunido. E ir a visitar cinco propiedades que estén a la venta para estar muy familiarizado con el mercado. Y de hecho, todas las personas que conozco en el negocio inmobiliario y siguen esta fórmula han tenido mucho éxito.

No todas las acciones generan resultados instantáneos o perfectos

No todo lo que intentas funciona. Pero recordad que, según la ley de probabilidades, cuantas más cosas intentéis, más funcionarán: cuantos más libros leáis, más probabilidades tendréis de encontrar el que os cambie la vida. Cuanta más gente conozcáis, más probabilidades tendréis de dar con la persona que tenga la respuesta o el contacto que necesitáis.

Pedid *feedback* y responded a él

Para seguir avanzando hacia la consecución de nuestros objetivos y metas, debemos estar atentos al *feedback* que recibamos y hacer las modificaciones necesarias. El *feedback* positivo consiste en salud, amigos abundantes y fieles, buenas ventas, dinero en abundancia, diversión, alegría y felicidad. El *feedback* negativo son los problemas de salud, el dolor físico, la escasez de amigos, las malas ventas, el desempleo, las deudas, la cólera permanente y la depresión. Todos estos elementos negativos indican que no estamos teniendo la actitud mental correcta, visualizando las imágenes adecuadas o llevando a cabo las acciones necesarias. Debemos prestar más atención. No negar la realidad. Afrontar aquello que no funciona.

El modo más rápido de alcanzar el éxito es pedir opinión al mayor número de gente posible (cuanta más, mejor), darles las gracias por su ayuda y utilizar sus consejos en la medida de lo razonable. Éste es un modo excelente de actuar que aprendí del experto en estrategias Dan Sullivan.

En una escala de 1 a 10, ¿cómo puntuarías la calidad de (nuestro producto, mi servicio, la instalación, mi actitud como padre, mi actitud como cónyuge, mi actitud como empleado, etcétera) durante el mes o la semana pasados?

Cualquier puntuación inferior a 10 debe generar la siguiente pregunta: ¿Qué tendría que hacer para obtener un 10?

Es en la respuesta a esta última cuestión donde se encuentra la información que nos hace falta. Hay que tener el valor de hacer estas preguntas a todas las personas con las que nos relacionemos de manera habitual. Por muy dolorosa o descorazonadora que nos resulte su respuesta, debemos decirles «Gracias por compartir tu opinión conmigo». No debemos entablar un debate. Sólo tomar su opinión, ver si nos sirve y probar a cambiar nuestro comportamiento.

Perseverancia

Por último, no debemos rendirnos nunca. Podemos hacer correcciones basadas en el *feedback* recibido para estar constantemente mejorando, pero no podemos rendirnos jamás. Si hubiéramos decidido dejar de intentar vender *Caldo de pollo para el alma* tras recibir un centenar de rechazos, yo no estaría hoy aquí sentado escribiendo. Si hubiéramos dejado de promocionarlo, comercializarlo y venderlo tras seis meses sin obtener grandes resultados, no sería un multimillonario que ha recorrido más de cuarenta países dando conferencias y enseñando a la gente los principios esenciales que contiene este libro junto a otros que he escrito.

Han tenido que pasar más de quince años para construir una marca que ha generado más de mil millones de dólares en ventas y ha creado más de veinte productos con licencia (incluida la comida para mascotas Chicken Soup for the Pet Lovers Soul). Así que no os olvidéis también de ser pacientes.

Si escucháis a vuestro corazón, creéis en vuestros sueños, confiáis en los consejos de vuestro yo interior, lleváis a cabo las acciones necesarias, pedís opiniones a los demás, tomáis las medidas oportunas en respuesta a ellas y perseveráis siempre, pase lo que pase, acabaréis por llevar una vida mucho mejor de la que nunca hubierais podido imaginar.

JACK CANFIELD es uno de los autores de la serie de libros de gran éxito *Caldo de pollo para el alma,* que ha vendido más de 500 millones de libros en cuarenta y siete idiomas diferentes. También ha escrito *Los principios del éxito: cómo conseguir lo que deseas a partir de lo que tienes.* Ha aparecido en ocho películas, incluidas *The Secret, The Truth, Tapping the Source* y *Discover the Gift.* Es consejero delegado del Canfield Training Group, cuya sede se encuentra en la ciudad californiana de Santa Barbara, además de un cotizado conferenciante que ofrece consejos sobre motivación y cursos de transformación por todo el mundo.

Encontrarás más información sobre el autor y su obra en: www.JackCanfield.com

EL SECRETO PARA LLEVAR UNA VIDA APASIONADA

por Janet Bray Attwood y Chris Attwood

La mayoría de la gente sabe que una de las características comunes de todas las personas de éxito es la pasión. La fuerza del Test de la Pasión reside en que ahora, por primera vez, el descubrimiento de nuestras pasiones no es un proceso que tengamos que realizar a ciegas. La pasión ya no es algo que esté únicamente al alcance de unos pocos afortunados.

Por medio de un proceso tan sencillo como fundamental, cualquiera puede descubrir las cosas que más le importan en la vida.

Pero la pregunta es: ¿basta con eso para tener éxito?

La respuesta es: no.

Lo que distingue a los que han alcanzado un éxito duradero en sus respectivos campos de todos los demás es que los primeros han aprendido a convertir sus pasiones en los cimientos de todas sus decisiones importantes. Tal como decimos en *El test de la pasión*: «Siempre que te encuentres frente a una opción, una decisión o una oportunidad, escoge siempre en beneficio de tus pasiones».

Esto es lo que llamamos «el secreto que garantiza una vida apasionada».

Como la mayoría de las verdades esenciales, es más fácil de enunciar que de poner en práctica. ¿Por qué? Porque cuando nos enfrentamos a decisiones importantes, rara vez sabremos cuál puede ser el resultado, y a menudo tendremos la impresión de que decantarnos por nuestra pasión podría desembocar en un desastre.

Por esta razón hay una cualidad que debe desarrollar todo el que quiera llevar una vida alegre, dichosa, plena y llena de éxito: la confianza.

La confianza crece cuando nos damos cuenta de que el hecho de que amemos las cosas que amamos no es un accidente. Esas cosas, esas pasiones, existen porque son lo que nos lleva a alcanzar nuestro propósito en la vida. Cuando nuestra vida está conectada con estas pasiones cobra más sentido, y cuando la vida tiene sentido resulta más plena y satisfactoria.

En última instancia, llevar una existencia repleta de alegría significa llegar a creer que la vida es una experiencia benéfica. Es decir, que cada vivencia, cada persona y cada situación con la que nos encontremos existe para que podamos abrirnos en plenitud a todo lo que somos y todo lo que compone nuestra vida.

Escoger en beneficio de nuestras pasiones es la clave para el éxito en la vida, pero ¿da miedo? ¡Desde luego! Sobre todo cuando todo el que te rodea dice que no puedes hacerlo, que no funcionará, que has perdido la cabeza, etcétera. Creedme cuando os digo que en eso no estáis solos. Toda la gente que ha tenido éxito ha coincidido con personas como ésas en sus vidas.

Janet escogió en beneficio de su pasión por convertirse en vehículo de transformación para los demás al tomar la decisión de dejar su puesto como directora de publicidad en Books Are Fun (la tercera distribuidora de libros más grande de Estados Unidos) y asociarse con Mark Victor Hansen y Robert Allen. Abandonó un puesto cómodo, con un sueldo de seis cifras y toda clase de beneficios y lo cambió por otro sin ingresos garantizados, para ofrecer un servicio que no estaba segura que demandara la sociedad.

¿Hace falta valor para tomar una decisión así? Desde luego.

¿Cómo salieron las cosas?

Diez años después, Janet es una de las autoras de más éxito de Norteamérica, viaja por todo el mundo para ofrecer conferencias sobre su pasión y posee una empresa que factura miles de millones de dólares.

Pero ¿y si se hubiera quedado en Books Are Fun?

En los diez años que han transcurrido desde entonces, la empresa se vendió a *Reader's Digest*, que poco después pasó por circunstancias muy complicadas y se vio obligada a reducir sus dimensiones de manera drástica. Si Janet se hubiese quedado allí, lo más probable es que hubiera terminado despedida, como la mayor parte de las personas con las que trabajaba entonces.

Nadie sabe cómo le van a salir las cosas cuando uno elige en beneficio de sus pasiones. Por eso hace falta mucho valor para tomar tales decisiones. Pero cuando las tomes, empezarás a descubrir que lo milagroso se transforma en un elemento permanente de tu vida.

Cuando, en 2006, Chris contrajo matrimonio con una preciosa alemana, su nueva esposa le dijo: «Para mí es muy importante pasar de cuatro a seis meses al año en Europa.»

Si Chris no hubiera tenido clara su actitud con respecto a sus pasiones, habría sido una decisión imposible. Hubiese tenido que optar entre irse a Europa y arriesgarse a sacrificar su futuro laboral, o quedarse en Estados Unidos y arriesgarse a perder a su mujer. Menuda decisión, ¿no?

Pero Chris, que realiza con regularidad el Test de la Pasión, tenía completamente clara la lista de sus cinco prioridades principales. Sus actividades empresariales estaban en la lista, sí, pero su prioridad absoluta era estar junto a su esposa. De modo que cuando ella le dijo aquello, su respuesta, sin dudarlo un momento, fue: «Perfecto, es lo que haremos.»

Durante el primer año de su matrimonio, Chris y Doe vivieron un mes en las Canarias, dos en Suiza y varios más en Alemania. Y se lo pasaron bomba.

¿Abandonó Chris sus actividades empresariales, otra de sus pasiones? No. Lo que hizo fue reorganizar su agenda, de modo que dedicaba las mañanas a su familia y trabajaba por las tardes y noches, durante el horario laboral de Estados Unidos.

Lo más interesante es que durante aquel año el negocio funcionó mejor que nunca, y desde entonces ha seguido creciendo, a pesar de que Chris pasara, como volverá a hacer este año, casi nueve meses en Europa.

¿Podía haber sabido de antemano que el resultado de su decisión iba a ser éste? No.

Y tampoco vosotros. Cuando os llegue la hora de escoger en beneficio de vuestras pasiones, tendréis que confiar en que todo saldrá bien.

Lo que os sugerimos es que deis pequeños pasitos todos los días en dirección a las cosas que queráis conseguir.

Si vuestra vida tiene unos cimientos financieros poco sólidos, no os tiréis desde lo alto de un acantilado para iniciar de pronto una vida nueva. No desarraiguéis a vuestra familia ni renunciéis a vuestra única fuente de ingresos para perseguir vuestras pasiones, al menos hasta que no tengáis más experiencia en la toma de tales decisiones y sepáis cómo salen las cosas. Si os decantáis de manera decidida por aquellas cosas que tengan más sentido para vosotros, la gente, los lugares y las cosas que necesitáis os ofrecerán su apoyo para llevar una vida apasionada.

«Lo que amáis y lo que Dios desea para vosotros es una misma cosa.» Esto significa que el universo no se dedica a jugarnos malas pasadas. No es un error amar aquello que hacéis. Si os decantáis de manera decidida en beneficio de vuestras pasiones, descubriréis que tenéis el valor de alcanzar una vida plena y de éxito, pasito a pasito o a pasos de gigante. A medida que crezca vuestra confianza, os daréis cuenta con creciente claridad de que podéis decir que sí a pasiones cada vez más grandes y ambiciosas.

Así que la próxima vez que os enfrentéis a una decisión importante, preguntaos: «¿Me permitirá mi decisión unirme más a las cosas que quiero y que me preocupan o me alejará de ellas?» Y si la respuesta es que os acercará a ellas, decid que sí.

Quedaréis gratamente sorprendidos por los resultados.

Y recordad: «Lo que amáis y lo que Dios desea para vosotros es una misma cosa.»

Janet Bray Attwood y Chris Attwood son los coautores de *El test de la pasión: el camino más fácil para descubrir su destino*, éxito de ventas de *The New York Times*. Su empresa, Enlightened Alliances, organizó el 70 por ciento de las entrevistas realizadas para la película *The Secret* y el libro del mismo título.

Janet se dedica a dar conferencias por todo el mundo sobre el descubrimiento de la pasión y el propósito en la vida, y ha compartido escenario con su santidad el decimocuarto Dalai Lama, el doctor Stephen Covey, Richard Branson, el ganador del Premio Nobel de la Paz F. W. de Klerk, Jack Canfield, el consejero delegado de Zappos. com, Tony Hsieh y el reverendo Michael Beckwith, entre otros.

Janet y Chris son miembros fundadores del Transformational Leadership Council, un grupo formado por más de un centenar de los principales autores y conferenciantes del mundo. Además, son cofundadores de *Passion Test Daily*, una revista de Internet y de la Transformational Magazine Network.

El propósito de sus programas del Test de la Pasión es «inspirar la transformación por medio del amor», y lo cierto es que los dos son ejemplos vivientes del poder del amor. Aunque ya no están casados, siguen siendo grandes amigos y socios empresariales. Cuando Chris volvió a casarse en 2006, su esposa y él pidieron a Janet que fuese la madrina de sus dos hijas.

CÓMO ACTIVAR EL AMOR
POR NOSOTROS MISMOS
EN NUESTRAS PROPIAS VIDAS

por Marci Shimoff

> «Hagas lo que hagas, ámate por hacerlo.
> Sientas lo que sientas, ámate por sentirlo.»
>
> Thaddeus Golas,
> autor y filósofo del siglo xx

Estábamos en 1971 y los pantaloncitos cortos hacían furor. Y para el que no esté al día de la historia de las modas y tendencias, se trataba de unos pantalones de cinco centímetros de largo, generalmente decorados con colores y patrones psicodélicos, que apenas alcanzaban a cubrirte el trasero.

Por aquel entonces yo tenía trece años, y el hecho de que me conocieran por el mote de «La gordis» no me impidió meterme a presión en unos pantaloncitos cortos de color rosa fucsia. En el colegio todas las chicas los llevaban y yo, oh sorpresa, quería fundirme con la muchedumbre.

El día de mi debut con los pantaloncitos, volvía a casa desde la escuela con mi mejor amiga, Chris. Al llegar decidimos llamar a nuestra otra amiga, Roselyn, para una buena sesión de chismes adolescentes. Chris marcó desde el teléfono de la cocina y yo subí a mi cuarto para hablar desde allí. Al levantar el auricular, oí que Roselyn decía: «¿Te puedes creer que Marci llevaba pantaloncitos cortos hoy... con esos muslos?»

Sentí que me ardía la cara de vergüenza y colgué silenciosamente el auricular. Cogí los pantaloncitos rosas y los guardé en el fondo del armario, donde no tendría que volver a verlos nunca.

Pero librarme de la voz de Roselyn no fue tan fácil. Cada vez que me miraba al espejo oía una voz que me decía: «¿No te parece increíble lo gorda que estás?» Más tarde, cuando, con diecinueve años, seguía sin novio, la misma voz me decía: «¿No te parece increíble lo perdedora que eres?» Y todavía, años después, cuando veía una cara que me parecía aburrida en el público de alguna de mis conferencias, la voz seguía ahí: «¿No te parece increíble lo mal conferenciante que eres?»

Tardé años en colgarle el teléfono a esta arpía interior. La tenía subida a la espalda a jornada completa, siempre señalando cualquier defectillo y asegurándose de que no podía sentir un amor incondicional por mí misma.

Si sois como todas las personas que he conocido a lo largo de mi vida, tendréis vuestra propia historia de «pantaloncitos» y vuestra propia voz crítica interior, y las dos habrán conspirado para impediros sentir el amor y la felicidad en plenitud.

Décadas después del incidente que os he contado, decidí que debía explorar si era posible sentir un amor incondicional por mí misma y por todos los demás. ¿Podía quererme sin reservas?

Había pasado años estudiando y enseñando cómo tener una buena autoestima, y me di cuenta de que eso no era lo mismo que el amor por uno mismo. La autoestima se basa en «Me quiero porque...» Me querré si soy lo bastante buena, lo bastante lista, lo bastante guapa, si tengo un trabajo lo bastante gratificante, etcétera, etcétera. Es lo que yo llamo «amor por una buena razón» y sus limitaciones están sobradamente claras. ¿Qué sucede si no puedo ajustarme a los exigentes requisitos que he establecido?

Que comenzaré a juzgarme, cerraré mi corazón y me sentiré indigna de amor: la mejor receta para una vida infeliz.

Estos mismos condicionantes se aplican al amor que sentimos por los demás. Los amaremos si los aprobamos, si estamos de acuerdo con ellos o si compartimos sus mismos valores. Si no se amoldan a nuestros requisitos, les negamos nuestro amor.

Existe una alternativa. Lo que yo llamo «amor sin razón». Es la base para el amor auténtico, tanto por uno mismo como por los demás. Es un amor

33

incondicional que no depende de nuestro comportamiento ni de que ninguna persona o situación tenga que ser de una manera concreta. Es un estado del ser en el que aportamos todas nuestras experiencias en lugar de tratar de «extraer» del mundo que nos rodea.

Decidí embarcarme en la tarea de aprender a vivir en este estado y las respuestas que encontré durante esta búsqueda me llevaron a escribir *Ama porque sí: siete pasos para crear una vida de amor incondicional*. Utilicé el mismo enfoque que en mi obra anterior, *Feliz porque sí: siete pasos para alcanzar la felicidad desde el interior*, en el que entrevisté a gente incondicionalmente feliz para descubrir cómo habían llegado a ese estado. Esta vez, lo que buscaba eran expertos en amor —más de 150 personas a las que yo llamo «luminarias del amor», entre ellas científicos, psicólogos, maestros espirituales y gente de corazón bondadoso, en general— para averiguar cómo vivir en un estado de amor incondicional.

Mi investigación me reportó grandes noticias: podemos cultivar un amor incondicional por nosotros mismos y los demás, pero hace falta práctica para revertir ciertos hábitos pasados. Como la mayoría de nosotros estamos acostumbrados a basar nuestro amor en razones, tendremos trabajo que hacer en ese sentido. Pero entender que existe un amor que va más allá de las razones es el primer paso.

He aquí tres prácticas sencillas que pueden ayudaros en cualquier circunstancia. Son especialmente útiles cuando estéis pasando un mal momento o siendo excesivamente críticos con vosotros mismos.

1. Practicad el mimaros: La mayoría de la gente no tiene la costumbre de cuidar de sí misma y preocuparse por sus propias necesidades. Por suerte, comenzar este proceso es bastante sencillo; sólo tenéis que ser conscientes de tales necesidades. Tres veces al día, deteneos un momento y haceros esta pregunta: ¿Cuál sería el acto de cariño más grande que podría hacer por mí en este momento? Y prestad mucha atención a la respuesta. A veces, el acto de cariño más grande que podemos hacer por nosotros mismos en un momento determinado puede ser beber un vaso de agua o salir a tomar un poco el aire. Otras veces, puede ser limpiar la bandeja de entrada del correo electrónico para sentirnos menos estresados o llamar a un buen amigo para que nos anime un poco. Lo importante es convertir esta pregunta en una parte de nuestra rutina diaria y tratar de poner en práctica las respuestas.

2. Practicad la comprensión y el perdón por vosotros mismos: Puede ser más complicado perdonarnos a nosotros mismos que a los demás. A menudo damos a los otros el beneficio de la duda, pero no a nosotros mismos. Para desarrollar el amor por nosotros mismos es necesario que nos tratemos con amabilidad, al menos con tanta como tratamos a nuestros vecinos o amigos. Si sentís el impulso de criticaros con dureza, intentad veros como si fuerais otra persona totalmente distinta. Preguntaos, ¿qué haría si viese que un amigo mío se está haciendo lo que me estoy haciendo yo?

De hecho, este enfoque indulgente es muy eficaz para avanzar en la vida y «reparar los errores» por los que os estáis flagelando. ¿Quién tiene más energía, una persona desalentada y abatida o una que cuenta con apoyo y cariño? Intentad portaros con vosotros mismos como si fueseis un buen amigo que os intenta ayudar desde dentro.

3. Practicad el expresaros ante vosotros mismos: Para esto es necesario empezar por la primera práctica, es decir, preocuparos por vosotros mismos. Sólo podemos expresar nuestros deseos y necesidades si entendemos que forman parte de nosotros. El paso siguiente es comunicárselo a los demás de manera sencilla y clara. A muchos de nosotros esto nos da miedo. El secreto es empezar poco a poco.

Cada día durante el próximo mes pedid algo o expresaos de un modo que os lleve un pasito más cerca de vuestro objetivo, pero sin hacer nada que os parezca imposible. Cada vez que lo hagáis, fortaleceréis las conexiones neuronales de vuestro cerebro en las que se basa el amor por vosotros mismos.

Os preguntaréis si estas prácticas no serán una demostración de egoísmo. ¡Nada de eso! Cultivar el amor por nosotros mismos es uno de los actos más generosos que existen. Como las emociones son contagiosas, cuando nos amamos y cuidamos, ese amor se transmite a quienes nos rodean. ¿Y acaso un mundo lleno de amor no es el sitio en el que todos querríamos vivir?

MARCI SHIMOFF es una afamada conferenciante en el ámbito de la motivación. Asimismo, es autora del bestseller *Ama porque sí: siete pasos para crear una vida de amor incondicional*. Este libro ofrece un revolucionario enfoque para alcanzar un estado duradero de amor incondicional, la clase de amor que no depende de personas, situaciones o parejas y al que se puede acceder en cualquier momento y circunstancia. Es la clave de una dicha duradera y de una vida de realización.

Encontrarás más información sobre este tema en: www.TheLoveBook.com.
Marci también está en Facebook, bajo el nombre Marci-ShimoffFan.

CAMBIA TU HISTORIA, CAMBIA TU VIDA

por Barnet Bain

Érase una vez, antes de las redes sociales, los teléfonos inteligentes, los videojuegos, los iPads y los infinitos universos alternativos de la televisión, un mundo en el que la principal fuente de experiencias e historias era la vida familiar. Cuando yo era niño, las historias que oía alrededor de la mesa durante la cena definían la manera en que me veía a mí mismo.

Antes, la narrativa familiar revelaba cómo y dónde encajábamos en el universo en su conjunto. Nos marcaba el camino a las tradiciones vitales de conexión y significado. Las historias han sido siempre el aglutinante de la vida comunitaria en todas las culturas humanas.

Hasta ahora.

En la actualidad el espacio familiar ha sido reemplazado por espacio para los medios. En nuestro tiempo, las historias que escuchamos son las mismas para todos, productos de una cultura de consumo. Para cuando un niño cumple los diez años, su imaginación está estructurada por decenas de miles de mensajes que en su conjunto sustentan la idea subyacente de que se puede encontrar el sentido de la existencia en la marca de zapatillas que llevas o en el modelo de coche que conduces.

Como consecuencia, la separación y la alienación nunca han sido tan profundas.

Cuando todavía era un neófito de la industria cinematográfica que luchaba por hacerse un sitio en la mesa, una noche me quejé a un viejo mentor sobre la implacable injusticia de Hollywood. Me miró con cara de incredulidad.

«Te olvidas de una cosa, Barnet. No eres tú el que está en Hollywood, sino Hollywood la que está en ti.»

Tuve que rumiar largo rato sus palabras antes de que se me encendiera la bombilla.

En la actualidad recibo un bombardeo de información de distintas fuentes. He tenido que convertirme conscientemente en un consumidor de historias. Soy responsable de todos los mensajes que dejo entrar en las mías. Yo decido si participo o no.

Para que se produzca la magia, tiene que haber un contrato entre audiencia y narrador. Es un proceso de creación conjunta. Walt Whitman dijo: «Para que existan grandes poetas, tienen que existir grandes públicos.» Si no sabemos lo que podemos esperar de este contrato, puede que sea porque hemos perdido de vista nuestra condición de participantes.

La física cuántica nos dice que el observador tiene algo que ver con la experiencia de la realidad. Si el entorno es una extensión de mi mente, aunque sólo sea en pequeña medida, si cambio lo que es importante para mí, obtendré resultados distintos.

En otras palabras, si cambias tu historia, cambiarás tu vida. En el comercio de las historias no hay meros espectadores. Todos somos participantes.

Yo abordo esta idea de varias maneras distintas: De las películas de aventuras saco la determinación de vivir cada momento de mi vida como si fuese el último. Me siento motivado, implicado, consagrado a una causa. Actúo con honor. Comprendo la importancia de «levantarse y seguir avanzando».

Las historias de amor se desarrollan en pequeñas burbujas de generosidad, en el dar y en el recibir. De ellas extraigo mi comprensión por los problemas y el dolor de los demás, sea físico, mental o espiritual. Y así, mediante su ejemplo, abro mi corazón y mi mente.

La ciencia ficción me ha ayudado a ver más allá del mundo de las formas. Por debajo de la apariencia de cualquier dimensión y civilización alienígenas subyacen desafíos universales compartidos. ¿Cómo puedo marcar la diferencia? Viviendo más. Haciendo más. Perdonando más. ¿Qué estoy preparado para afrontar (o dejar atrás) para acceder a la Fuerza de mi interior, para adentrarme valientemente en lo desconocido?

Las historias dramáticas me ayudan a entrar en contacto con los sentimientos de los demás y a comprender las relaciones que tengo con mi esposa, mis hijos, mis amigos, mi jefe, mis compañeros, conmigo mismo, con mi yo superior, con dios/diosa y con el Universo. Cuando consigo reconocerme en otra persona, aumenta mi capacidad de responder a esa persona y a su situación.

Las comedias siempre me obligan a preguntarme por qué me tomo todo tan en serio. Las historias divertidas me recuerdan que debo reírme, buscar el humor que hay en la frenética danza que interpreto por el amor sin acordarme de que en ningún momento han dejado de amarme.

Las historias de terror y de guerra tienen mucho que enseñarme sobre la oscuridad de mi interior, así como sobre la luz. A menudo reflejan juicios o emociones que no expreso del todo o que niego en su totalidad. Aquellas historias que me inspiran fuertes sentimientos de antipatía son un indicio claro de rechazos, miedos y bloqueos que se oponen a mi crecimiento personal, que persisten bajo el nivel de mi consciencia. Aquello a lo que me resisto, persiste.

Cambiar nuestra historia es así de sencillo. De algún modo, el mundo se reorganiza mágicamente para reflejar la nueva situación. Tomaos un momento para experimentar esta verdad por vosotros mismos. Escoged una historia, un suceso o una conversación y comenzad dando los siguientes pasos:

- ¿Cuál es vuestra reacción ante los supuestos hechos de vuestra historia actual? ¿Os hacen enfadar? ¿Os alteran? ¿Querríais que desaparecieran?

- Inventad un sentido alternativo para vuestra historia, un sentido que os guste más. Pero sin superhéroes ni alienígenas amistosos. Debe estar contenido en el ámbito de lo posible para vosotros. Sois los protagonistas. Sois los héroes.

- Prestad toda vuestra atención a la nueva historia y buscad evidencias que sustenten su realidad.

- Alejaos de cualquier mensaje en sentido contrario. No dejéis que os absorba.

- Y lo más importante, vivid vuestra nueva historia como si fuese la mayor verdad de vuestra existencia.

Si practicáis esto, os alinearéis de manera activa con los principios de la creatividad cuántica y descubriréis que con sólo cambiar vuestra historia podéis desencadenar grandes cambios en vuestra vida.

Barnet Bain es instructor personal y «doctor en creatividad». Ha recibido numerosos premios como productor y director de cine, incluidos una nominación a los Emmy por *De la calle a la universidad*, un Oscar por *Más allá de los sueños* y otros galardones por *Las nueve revelaciones* y *The Lost and Found Family*. Barnet es uno de los presentadores del programa radiofónico de la KKZZ AM Southern California «Cutting Edge Consciousness» y colabora también en los *podcasts* de Changing Times Media (www.cuttingedgeconsciousness.com). Además, forma parte del Transformational Leadership Council.

Encontrarás más información sobre el autor en: www.barnetbain.com

TU TACITA DIARIA
DE TRANQUILIDAD

por Kelle Sutliff

En mis doce años de experiencia ayudando a gente a hacer caso a su intuición, aliviar el estrés y llevar vidas productivas y pacíficas, he descubierto que una de las mejores cosas que puedes hacer es comenzar el día preparándote física, mental y espiritualmente. Esto te permite concentrar tu energía interior en la dirección adecuada y te aporta paz y serenidad durante todo el día, independientemente de las circunstancias que te rodeen.

Siempre les digo a mis clientes que el regalo más importante que podemos hacernos es ponernos en contacto con los aspectos físicos y espirituales de nuestro interior, y que introducirlos en nuestra vida cotidiana es la receta de la tranquilidad.

Lo sé, es más fácil de decir que de hacer. Bueno, pues prestadme atención, porque os voy a explicar un plan para llevarlo a cabo. Descubriréis con sorpresa que os lleva más o menos el mismo tiempo que prepararos vuestra tacita de café matutino.

Todas las mañanas, al despertar, buscad un rincón tranquilo de vuestra casa donde podáis pasar tres minutos sin que os molesten. Puede ser el jardín, una salita o, incluso, si no queda más remedio, ¡podéis encerraros en el cuarto de baño!

Una vez que hayáis encontrado este refugio, convertidlo en vuestro santuario inviolable durante unos minutos. Respirad profundamente varias veces. Cerrad los ojos e imaginad que comienza a bañaros una luz blanca. Cuando la luz os llegue a la coronilla, despojaos de vuestras preocupaciones y anunciad vuestras intenciones para el día que empieza. Se trata de decir cosas como «Voy a portarme mejor con mis hijos», «Voy a firmar ese acuerdo de negocios» o «Voy a recuperarme del cáncer». Las afirmaciones serán distintas para cada uno de nosotros, así que acordaos de ser muy específicos con vuestra plegaria o declaración de intenciones concretas. Y aseguraos de expresarla en tiempo presente. De este modo daréis luz verde al universo para que sucedan hoy mismo, no dentro de diez años. Por ejemplo, no se trata de decir «Espero que suceda esto». La esperanza puede darle luz ámbar al universo, la pausa para dejarlo para un momento futuro. Y lo que queréis es que vuestro propósito y vuestra energía funcionen al instante. Así que acordaos de expresar vuestras intenciones en presente e imaginar que están sucediendo en aquel mismo momento.

A continuación, haced que la luz comience a bajar e imaginad que os pasa por la frente, el cuello, el corazón, el estómago, las rodillas y los pies. Todas estas partes del cuerpo albergan unos puntos energéticos llamados chakras. Los chakras contienen energía. Si cualquiera de ellas no está alineada, se suele manifestar mediante dolencias en la parte correspondiente del cuerpo físico. Al imaginar que la luz curativa nos baja por el cuerpo mientras expresamos nuestras intenciones para el día, purificamos nuestro organismo y nuestro campo de energía, con lo que disolvemos cualquier negatividad acumulada.

Mientras la luz blanca os recorre y atraviesa, imaginad que vuestros pies son el ancla que os mantiene unidos a la tierra gracias a la fuerza y la solidez de vuestro propio yo. Como un árbol alto y poderoso, estáis firmemente arraigados para el día que se avecina y, del mismo modo que un árbol extrae su fuerza de los rayos del sol, vosotros extraéis la energía de la luz protectora.

Abrid los ojos.

¡Ya está! Os dije que era un ejercicio rápido. Si practicáis a diario esta sencilla pero poderosa rutina, pondrá en contacto vuestro cuerpo físico y vuestro yo espiritual y os proporcionará equilibrio, armonía y paz para todo el día. Y en el mismo tiempo que tardáis en preparar una tacita de café.

KELLE SUTLIFF es una médium y escritora que vive en Andover, Massachusetts.

Encontrarás más información sobre la autora y su obra en: www.psychicmediumreads.com

CREATIVIDAD:
LA RECETA DEL DESPERTAR

por Renee Baribeau

Un día, mientras hablaba sobre los beneficios de las prácticas de meditación, Ram Dass se fijó en una anciana que, en la primera fila, asentía con una sonrisa a cada una de sus afirmaciones. Movido por la curiosidad, al acabar la conferencia abordó a la mujer y se preguntó de cuál de las tradiciones meditativas se consideraba seguidora. La señora se inclinó hacia él y le susurró en tono confidencial: «Tejo».

A la chef que era yo hace veinticinco años, la idea de que hacer tejido, pintar o incluso cocinar fuese una senda válida para el desarrollo espiritual le habría resultado risible. Desde mi punto de vista, la meditación era un deporte para mariquitas. La vida era para vivirla. Era un jugoso filete de carne cortada en rodajas con un cuchillo eléctrico para que fuese más fácil de engullir. Aparte de que tener que dirigir una cocina durante catorce horas al día no me dejaba demasiado tiempo para la contemplación y el silencio. Sin embargo, la desesperación tiene su propia y curiosa manera de obligarnos a cambiar la receta de nuestra vida.

Mi padre acababa de morir. Cubrí su ataúd con la parte de tierra que me correspondía e inmediatamente abandoné su funeral. Conduje durante horas para encontrarme con un cliente que, tras esbozar una sonrisa falsa, me dijo: «Siento lo de su padre». Y a continuación, sin hacer una mera pausa para respirar, añadió: «Y ahora, hablemos de la boda de mi hija».

Mi silencio decía que sí, pero por dentro sentía una rabia que me quemaba y ansiaba decir que no. Fue el momento que marcó el inicio de mi descenso hacia un agujero negro creativo. Pocos días más tarde, embargada por una tristeza insoportable, estaba en el suelo de baldosas de terracota de mi restaurante, gritándole a Dios que no soportaba tener que cocinar para una boda, un cumpleaños, una jubilación o una ocasión especial más.

Sin embargo, cocinar era lo que hacía para ganarme la vida y lo que me definía como persona. Estaba encadenada a la cocina, aunque en aquel momento tuviese la cazuela requemada y ennegrecida. Cuando la novia celebró su segundo aniversario de boda con una fiesta en la que se firmaron los papeles del divorcio, volví a encontrarme de rodillas, suplicando por una idea creativa que me permitiese sobrevivir a una nueva «ocasión». La que se presentó esta vez era extraordinaria, pero fue la última idea original que tuve durante bastante tiempo. Estaba tan quemada como el caramelo del fondo de una flanera. Aquejada por síntomas de depresión y agotamiento cada vez más profundos, el psicólogo pronunció su diagnóstico con voz estentórea: «reposo».

Tras las puertas cerradas del pabellón psiquiátrico en el que se habían atrevido a recluirme con un diagnóstico de desórdenes alimentarios, mi rabia reveló su cara más cruda y acre, como un diente de ajo que se exprime en exceso. No había camas para pacientes con el corazón roto. Di rienda suelta a mi indignación y les hice saber que yo, Renee Danielle Baribeau, ¡era una chef! ¿Cómo esperaban que cumpliera con la regla número uno de la institución, que era no hablar sobre la comida? ¡Si la comida era precisamente mi tarjeta de presentación, el trofeo que revelaba mi valía!

Imaginaos que sois la llama azul y anaranjada de la punta de una cerilla. Ahora soplad y mirad lo que queda. Así es exactamente como me sentí cuando me apartaron de lo que, como yo misma no dejaba de repetir, era mi aliento vital. Mientras, con una Coca-Cola en la mano, me solazaba en mi inagotable rabia sintiéndome como una reina o como la única pasajera de mi jet privado, no tenía ni la menor idea de que lo que estaba sucediendo en realidad era que estaba dando los primeros pasos en una travesía solitaria de veinte años hacia el despertar. Si me lo hubieran dicho en aquel momento no lo habría creído.

Lo mejor que puedo decir sobre aquel período de abstinencia forzosa de mi pasión fue que me proporcionó la claridad que necesitaba para ver que aquella noción de mi propia importancia había sido un plato mal sazonado desde el principio. Cuando al cabo de diez días me enviaron de vuelta a casa con un diagnóstico de depresión provocada por fatiga, no pude volver a entrar en la cocina. Y tardé bastante en conseguirlo.

La terapia mediante la práctica artística se convirtió en una parte integral de mi tratamiento. Al principio sólo reveló algunas cosas que había ignorado durante muchísimo tiempo, recuerdos guardados en los cajones de cristal de mi nevera emocional como frutas podridas.

Pero entonces, un día, mientras sentada en un banquillo admiraba unos tulipanes de brillantes colores y hojeaba un libro de acuarelas infantiles,[1] sonó mi teléfono. Era mi madre y lo primero que me dijo fue: «¿Estás pintando? ¡Pero si nunca has tenido dotes creativas!»

Mi mente peló otra capa de la cebolla al recordar que aquel mensaje lo había recibido por primera vez a los seis años, cuando mi madre expresó su desaprobación por un cuadro de un perrito caliente a medio comer que había pintado —mi interpretación de *La última cena* que había hecho como deberes para la clase de Religión—. Yo estaba orgullosísima de mi trabajo y su reacción me dejó aturdida, sorprendida y desconcertada. Caray. Mamá, comida, creatividad, necesidad de aprobación. Puede que todo ello estuviera relacionado.

Seguí pintando a pesar de su falta de ánimos. Al principio, el resultado de mis esfuerzos fue una serie de birriosos garabatos de acuarela sobre el papel. Mientras mi recuperación seguía avanzando, pasé a dibujar figuras esquemáticas y finalmente a pintar sobre lienzo. Hoy día, las paredes de mi casa están repletas de coloridas pinturas, que yo veo como los mapas de mi travesía hacia la recuperación.

El agotamiento creativo fue tanto el agrio final de un período de mi vida como el primer ingrediente de mi despertar espiritual. Este proceso restauró mi capacidad de cocinar, pero aún tardaría varios años en recobrar toda la desenvoltura en los fogones que había perdido. Esto sólo llegó después de que descubriera el silencio que siempre estaba presente cuando pintaba. Entonces recordé cómo era sentirse el ingrediente crucial del proceso alquímico, y más adelante, cuando volví de nuevo a cocinar, me di cuenta de que había vuelto a casa y me había reencontrado conmigo misma.

En aquel silencio convivía la mágica, interminable y eterna mezcolanza de colores y sabores, impredecible y perenne. Hoy trabajo ayudando a los demás a recuperarse y cocino por diversión. Y al enfrentarme a una tabla de cortar, a un cuchillo y un montón de verduras frescas es como si me viese ante un lienzo en blanco con una caja llena de pinturas acrílicas.

Cualquier actividad que ames puede ser una práctica contemplativa que te ayude a crecer desde el punto de vista espiritual, pero para vivir en plenitud debes dejar que fluya a través de ti. Ahora, cuando oigo decir a cualquiera de mis clientes «No soy creativo», me pregunto qué adulto lo habrá convencido de ello cuando era niño. Y entonces saco mi pintura para que puedan explorar sus propias posibilidades.

La creatividad es muy similar a la espiritualidad y es la vara de medir que utilizo para la felicidad. Hay muchas recetas para alcanzar la iluminación. Lavar el coche o cortar una cebolla en rodajas funciona igual de bien que canturrear un mantra, si se pone toda la mente en ello. Todos recibimos dones creativos al nacer. Luego nos los pueden arrebatar la negligencia, el exceso de trabajo, los juicios desdeñosos de los adultos o los reveses de la vida. En mi experiencia profesional, he constatado que la apatía, la depresión, la tristeza y la falta de expresión creativa pueden ser la semilla de psicosis, trastornos por déficit de atención y otros desórdenes.

Un equilibrio inteligente es la clave para utilizar una afición como forma de meditación.

Por culpa de una depresión crónica, yo perdí mi pasión y tuve que volver a encontrarla. Así que ahora, como aquella mujer que tejía, cocino. Mis amigos me dicen que cocino como una pintora. No se me ocurre una alabanza mejor.

RENEE BARIBEAU, la Chamán Práctica, transforma las experiencias cotidianas en recetas de curación y renovación humana. Esta historia es un extracto de *Shaman Chef, My Life and Other Recipes,* de próxima publicación. Como cocinera, vive en los dominios de la comida como una metáfora de la vida.

Encontrarás más información sobre la autora en: www. ThePracticalShaman.com

PERDÓNAME:
LA BÚSQUEDA DEL AUTÉNTICO PERDÓN

por Chantal Herman

Ahí estaba yo, sentada con mi amiga Rose, escuchando una nueva historia sobre las faltas de respeto que le mostraba su jefa en el trabajo. Estaba contándome que a aquella «abusona de sala de juntas» no le importaba nadie que no fuese ella misma, y que era incapaz de admitir ninguna debilidad. Mientras la escuchaba, mi reacción instintiva fue coincidir con su punto de vista y limitarme a estar allí para ofrecerle mis simpatías, como ella quería. Pero aquel día decidí no hacerlo. La escena se había repetido ya demasiadas veces y deseaba un desenlace distinto para Rose.

Yo había estado en situaciones similares en el pasado, viviendo dinámicas de víctima y verdugo y, al igual que mi amiga, me había hartado de sentirme enfadada e impotente. Al oírla me di cuenta de que Rose, a pesar de que estaba hablando de un suceso pasado, seguía sintiéndose como una víctima en el presente, ¡y sin necesidad de que su jefa estuviese allí!

Fue un descubrimiento asombroso. Mi amiga Rose permanecía allí, dolida, echándole las culpas a alguien que ni siquiera estaba en la habitación. ¡Entonces me di cuenta de que sólo había una persona que pudiera estar haciendo daño a Rose en aquel momento, y era ella misma! En cuanto había aceptado las críticas de su jefa como un hecho, se había transformado ella en la abusona. Se encerraba en su condición de víctima y ya no necesitaba un verdugo externo. Era ella misma la que se obligaba a sentir impotencia. Me di cuenta, examinando mi propia vida, de que muchas veces también yo había sido mi crítica más implacable. Y comprendí que es uno de los peores y más comunes rasgos de los seres humanos.

Pensad un momento en la última vez que intentasteis algo y no salió como lo habíais planeado. ¿Cómo os tratasteis en los momentos posteriores de vulnerabilidad y culpa? ¿Os cogisteis de la mano y dijisteis «Eh, no pasa nada. Hoy no ha salido bien, pero mañana haremos algo increíble»? Si la respuesta es que sí, ¡enhorabuena! Pero me atrevería a apostar que la cosa fue más bien así: «¡Ya has vuelto a meter la pata! No sé ni por qué te molestas. Ríndete y ahórrate la vergüenza de que todos vean lo inútil que eres.»

Sí, somos los peores abusones para con nosotros mismos. Lo que pasa es que no queremos reconocerlo porque es algo vergonzoso. Así que lo que hacemos es buscar a otros para echarles la culpa del dolor que sentimos. Pero por mucho que creamos que nos hacen falta las disculpas, la amabilidad o la admisión de culpabilidad de nuestro supuesto verdugo, nunca será suficiente, porque los auténticos golpes nos los hemos asestado nosotros mismos y, por tanto, sólo nosotros mismos podemos curarlos.

Para llevar a cabo este proceso de curación, podemos comenzar por reconocer que el autoabuso que cometemos no sirve de nada. Somos nuestras propias víctimas y de este modo nos hacemos pequeños y limitados. Hemos aceptado el abuso. Así que debemos disculparnos con nosotros mismos y perdonarnos por no habernos prestado ayuda cuando más la necesitábamos. Perdonarnos por haber permitido que nos convirtiéramos en víctimas.

Si lo lográis, habréis roto las cadenas creadas por vosotros mismos y os habréis liberado tanto a vosotros como a vuestro supuesto verdugo y a todos aquellos a los que culpáis por lo que sentís. Es hora de que os toméis de la mano y os neguéis a caer en el error de que algo ajeno a vosotros tiene la capacidad de daros algo que ya poseemos: la integridad.

La vida es integridad en permanente estado de cambio, flujo, expansión, dicha y posibilidades creativas. Como parte de la creación que somos, parece lógico que también nos sintamos atraídos hacia esto y vivamos en ese flujo, esa ausencia de límites y esa dicha, porque formamos parte de todo ello. Lo único que se interpone entre estas experiencias y nosotros es esa otra parte de nuestro interior que nace de la desconfianza y de la necesidad de etiquetar y juzgar las cosas, de materializarlas y hacerlas reales (y a nuestra identidad con ellas) para sentirnos seguros. El auténtico perdón es la capacidad de renunciar a las etiquetas, a la mentalidad de víctimas y verdugos. Es el perdón dirigido hacia el interior y la invitación a participar de la dicha sin límites que ofrece la vida. Es una parte del aspecto libre y fluido del yo y una decisión que todos tenemos la capacidad de tomar.

Todas las cosas quieren moverse, quieren convertirse en algo. Es parte de la vida, de la evolución natural. Parece lógico que para que evolucionemos y experimentemos la libertad tengamos que superar nuestra «inmovilidad», nuestra identidad solidificada. Para hacerlo, debemos abandonar las etiquetas y la necesidad de tenerlas.

En el estado de integridad, las etiquetas de víctima y verdugo carecen de sentido. No existe ninguna etiqueta fuera de nuestro yo finito y separado. Somos todo y nada, infinitos pero insignificantes, causa y efecto, separados pero conectados al mismo tiempo. Y sólo cuando nos perdonamos a nosotros mismos nos damos cuenta de que en realidad no había ningún verdugo, sólo un mensajero que nos alertaba de la presencia de un aspecto petrificado de nuestra identidad que quería libertad para moverse.

Es interesante resaltar que, en sánscrito, la palabra para el chakra del corazón, *anahata*, significa «despegado».

Así que la próxima vez que Rose sienta que su malvada jefa está menospreciando su trabajo, se parará un momento para pensar: «¿Quién está siendo el verdugo en realidad?» Y cuando se dé cuenta de que es ella la que está abusando de sí misma, podrá perdonarse, y perdonar también a su jefa, y tomar la decisión de trasladarse a un espacio de auténtico perdón. Espero que todos vosotros hagáis lo mismo.

CHANTAL HERMAN es la autora de *It Is All about You: Know Your Power, Drop Your Obstacles, and Step into the Life You Want—Now*. Es Mensajera del Cambio en la organización Movement of Change y, como catalizadora de transformación e instructora, ha desarrollado los «procesos involutivos», que ayudan a la gente a liberarse concediéndose aquello que más anhelan del mundo exterior.

Encontrarás más información sobre la autora y su obra en: www.chantalherman.com

CONFÍA EN LA INTUICIÓN
DE TU CUERPO

por Asia Voight

Nunca esperas que te pase a ti.

Mi corazón vibraba de terror. Mis piernas se negaban a moverse. ¿Me iba a quedar paralizada para siempre? Me sentía como si me hubieran echado cemento líquido en el corazón. Casi no podía respirar. Yacía en la unidad de quemados de un hospital del norte de Florida tras un terrible accidente de coche.

«Tiene un 3 por ciento de probabilidades de sobrevivir.» Las palabras del médico resonaron en las paredes de la sala de emergencias mientras mi madre se desplomaba. «Es joven. Si sale de ésta quedará con una minusvalía del noventa y ocho por ciento.»

Dos meses después, tras haber sobrevivido milagrosamente a la tortura de las curas diarias de las quemaduras, la respiración artificial y once operaciones quirúrgicas, mis piernas seguían sin moverse. Y la más reciente incorporación a mi catálogo de desgracias, un pie pendular provocado por los injertos de piel, ilustraba la triste verdad de que seguramente no podría volver a caminar. Acurrucada en la cama del hospital, entre las impecables sábanas blancas, me eché a llorar.

Tras abrir de un tirón la mugrienta cortina amarilla, mi enfermera me informó de que venía el neurólogo. Los fluorescentes del techo parecieron perder fuerza, como si hubiera reaparecido de pronto el humo negro del accidente de coche. «Algo tiene que cambiar», pensé débilmente. Y de pronto sentí que brotaba en mi interior el dulce recuerdo de mi conexión intuitiva con los animales, los guías espirituales y los ángeles. Estas criaturas maravillosas siempre me habían brindado paz. Necesitaba su ayuda más que nunca.

«Llámalos otra vez.» La idea surgió de lo más profundo de mis recuerdos. Me invadió el deseo de sentir su presencia y contar de nuevo con la sabiduría de sus consejos.

«¡Ángeles, animales y guías espirituales, ayudadme, por favor!», supliqué en silencio a cualquiera de ellos que estuviera escuchándome.

Sobresaltada por un repetitivo ruido metálico, abrí los ojos. Un neurólogo larguirucho de bata blanca estaba entrando en la sala precedido por un imponente carrito con un ordenador. Con aquella máquina de aspecto estrafalario me exploró, palpó y toqueteó las piernas, sin más interrupciones que alguna que otra pausa para lanzarme miradas inquisitivas.

Tras analizar los datos, afirmó: «No hay respuesta alguna en la pierna izquierda. Está paralizada. Es poco probable que vuelva a caminar». Su voz desprovista de emoción quedó flotando en el aire.

¡Pam! Sentí que se me revolvían las entrañas. Nadie quiere oír cosas como éstas. Pero en aquella ocasión fue distinto. Mi inteligencia corporal respondió a gritos: «¡Eso no es verdad!» Y podía ser que fuera así. Aterrada por la posibilidad de equivocarme, esperé alguna confirmación por parte de mis amigos espirituales. Nada. Presa del pánico, volví a pedir: «Por favor, mandadme un mensaje. ¿Volveré a caminar? ¡Mi cuerpo dice que este hombre se equivoca!»

Una oleada de alivio recorrió mi cuerpo al sentir la delicada presión de la mano de mi guía espiritual en la espalda. Entonces me susurró al oído: «Ven, apóyate en mí y descansa.» Lo hice. Me apoyé en él. Mi respiración se ralentizó y los espacios entre inhalaciones comenzaron a hacerse más largos. Entre inspiración y espiración nació una clase distinta de espacio, una pausa. La pausa se transformó en un portal a mi interior. De repente me encontré en el hueco entre inspiración y espiración, en la pausa entre palabra y palabra.

«Ya había sentido antes esta sensación de expansión», le dije a mi guía.

«Sí», asintió él.

«Pero no sé lo que quiere decir.»

«Esto es la pausa. La pausa es el lugar en el que encontrarás la respuesta sobre tus piernas. Tu cuerpo sabe escuchar y moverse con energía y crear la puerta que conduce directamente a la sabiduría universal. Esta puerta es la pausa.»

Entonces se desplegó en mi mente una escena de mi pasado:

Reconocí los apartamentos de ladrillo rojo de la casa de mi infancia. Dos chicas mayores me llamaron a un aparcamiento vacío donde estaban saltando a la cuerda. Cada una de ellas sujetaba uno de los mangos de la comba para balancearla al unísono.

—Salta —dijo con su aguda vocecilla una de ellas, la de cabello castaño. La mugrienta cuerda blanca golpeó el desgastado asfalto.

—No sé —respondí con timidez.

—Levanta las manos y sigue el movimiento de la cuerda. Y cuando veas que hay un espacio, da un salto y entra.

Intenté hacer lo que me decía varias veces, pero la cuerda siempre me daba en la espalda o en la cara.

—No puedo —dije mientras me apartaba.

Sin inmutarse, las chicas siguieron columpiando su cuerda en el aire.

—Lo que pasa es que estás demasiado ansiosa y te precipitas. Inténtalo otra vez, pero ahora cierra los ojos y cuando sientas que ha llegado el momento de hacerlo, hazlo —aseveró.

Levanté los brazos a la altura de los hombros e imité el movimiento de la cuerda. Entonces cerré los ojos. Abrí el ojo interior y la cuerda se transformó en un arco de color morado oscuro en movimiento. El espacio abierto se convirtió en una pausa palpable y llena de energía.

Sentí que me inundaba una luz desde dentro mientras, con toda confianza, entraba en la trayectoria de la cuerda de un salto. Mis pies se movieron al ritmo del vaivén y las chicas comenzaron a cantar y a saltar alternativamente en el sitio. Todo ello en perfecta sincronía, como si fuésemos unos bailarines masai. El espacio energético que nos rodeaba comenzó a expandirse y a palpitar como si estuviéramos flotando por encima de la tierra.

Al abrir los ojos en la cama del hospital sentí la mano de mi guía. «Puedes usar esa sensación y ese ritmo para acercarte a la pausa y entrar en el espacio expandido de lo divino. Allí es donde te espera la respuesta que buscas.»

Imaginé el ritmo de la comba, cerré los ojos y me concentré en la respiración. Los límites de la «cuerda» comenzaron a hacerse más grandes. Entré de un salto en el espacio abierto. Al llegar al centro, el ritmo cesó y me quedé allí parada, en la quietud de la pausa. Mientras exhalaba, apareció una plataforma suspendida en un espacio oscuro pero ilumina-do por las estrellas. Me subí a ella. La plataforma se expandió y me dejó adentrarme en el núcleo del universo. Y oí que la divinidad decía simplemente «Caminarás».

Un segundo más tarde volvía a estar en mi cuar-to y mi guía espiritual enviaba una suave y fresca brisa sobre mi pierna en carne viva, la misma pier-na que, según el neurólogo, había perdido toda la sensibilidad. De repente, las dudas y el miedo a no volver a caminar cayeron como un desprendimien-to de rocas por la ladera de una montaña.

Tranquila y convencida ahora de que mi cuerpo no reconocía el diagnóstico del neurólogo, le pedí con toda calma que se marchara. No lo hizo.

«Debe aceptar los hechos», dijo mientras me mi-raba más de cerca.

En lugar de dejarme amilanar, sentí que mi co-nexión intuitiva me llenaba de fuerza y pasión y proclamé en voz alta: «¡Caminaré!»

Al oír los gritos, mi médico habitual, con su habi-tual actitud de abuelo protector, se acercó a la cama moviendo los brazos y se llevó al balbuceante neu-rólogo hacia las puertas giratorias de la UCI.

«He visto a gente recuperarse de esto», dijo mien-tras se frotaba la barbilla y me miraba la pierna. Sus palabras de aliento fueron el último empujón que necesitaba.

«La gente se cura y yo voy a curarme» se convirtió en el mantra que cada día le repetía a mi pierna. Lo decía con cariño y confianza.

Y es evidente que mi cuerpo estaba de acuerdo. Regeneró los nervios y, al cabo de tres semanas escasas, ¡volví a caminar!

La próxima vez que necesitéis ayuda y consejo para sanar, pedídselos a vuestros guías animales, espíritus compañeros o ángeles. Escuchad a vuestro cuerpo, tened confianza, sentid el ritmo y entrad en la pausa de lo divino. Allí mora la sabiduría espiritual, lista para ofreceros las respuestas que necesitáis.

Asia Voight es una experta de fama mundial en guía intuitiva y comunicación con los animales, además de maestra y escritora. Ha trabajado en ABC, NBC y Fox TV y ha aparecido en numerosas entrevistas radiofónicas. También es reseñable su presencia en prensa, con apariciones en las revistas *Brava* y *Women*, el *Wisconsin State Journal* y el *Fitchburg Star*.

En sus talleres de comunicación con los animales y desarrollo de la intuición, Asia comparte sus conocimientos con los alumnos de sus cursos para enseñarles a entrar en contacto con sus intuiciones interiores mediante gran variedad de ejercicios y meditaciones guiadas.

Asia está a punto de publicar una obra titulada *Burned Back to Spirit: Awakening Your Intuitive Powers by Way of One Woman's Near-Death Experience*.

Encontrarás más información sobre la autora y su obra en: www.AsiaVoight.com

EL SECRETO DE LA RELAJACIÓN EN CINCO SEGUNDOS

por Wendy Beyer

Para ser sincera, no sé cómo es posible que esta mujer haya llamado para pedirme cita a mí, una experta en hidroterapia de colon, y mucho menos cómo ha podido terminar aquí, sobre mi mesa, en este momento concreto y singular en el que estoy tratando de introducirle el espéculo por el recto por vez primera. Está tan nerviosa que es una fortaleza inexpugnable. Prácticamente impenetrable, salvo que consiga engañar a la fidelísima guarnición de sus reflejos y superar todas sus medidas de seguridad. Una tarea nada sencilla cuando tratas con los profesionales de más éxito del mundo, personas propensas al nerviosismo y con una elevadísima opinión de sí mismas. Conseguir que alguien así se relaje en una situación semejante es una proeza comparable a descifrar el Código Da Vinci para llegar al Santo Grial, que espera dentro.

¿Cómo, entonces, voy a ayudar a esta mujer a relajarse?

Por supuesto, en el universo del estrés hay mucho más que decir sobre Dorothy, aparte de la estrechez de sus accesos posteriores. Tiene una madre con Alzheimer a la que adora, pero con la que acaba de asumir la responsabilidad de internarla en una residencia especializada. Dorothy la visita todos los días al concluir la parte correspondiente de sus sesenta y tantas horas de trabajo semanales. Tiene un puesto importante en una gran empresa donde hace su trabajo de maravilla y un jefe que está resentido con ella por esa razón, lo que se traduce en una situación laboral delicada. Además, arrastra un historial de pobreza y adicciones, y aunque es algo que superó hace décadas, subyace en su interior una corriente de miedo y vigilancia cuyos residuos a veces se filtran burbujeando hasta la superficie de su psique. La mujer, en suma, tiene buenas razones para estar tensa.

Su cuerpo la ha llevado hasta unos límites de incomodidad que nunca habría creído posibles para ella, teniendo en cuenta toda su autodisciplina, su capacidad y su seguridad en sí misma. Sus tripas llevan semanas amotinadas y los médicos le repiten que beba más agua y coma más fibra, consejos que sólo están empeorando las cosas.

—Bueno, Dorothy —le digo—. ¿Voy a tener que llevarte a tomar unas copas y a cenar para que podamos hacer esto o qué?

Por suerte, se echa a reír. Y eso la hace respirar. Parecerá un tópico, pero todos los expertos coinciden en que esto ayuda mucho a alcanzar un estado de relajación.

Entonces la invito a recordar por qué ha venido, es decir, a recordar que es una persona inteligente y cariñosa que ha salido de la oficina a una hora razonable para venir a mi consulta a hacer algo que necesita. «En serio, Dorothy, ahora quiero que mantengas una conversación en tu cabeza contigo misma y le expliques que estaría bien que se relajase y nos dejase seguir adelante. Recuérdale por qué estás haciendo esto.»

¡Y que me maten si su colon no se relaja en ese mismo instante y deja pasar el espéculo como si tal cosa!

Lo mejor del asunto es lo encantada que queda Dorothy con su capacidad de relajar su propio cuerpo y la rapidez con la que cambian su estado de ánimo y su energía. Es como si toda ella se relajase mientras, con una carcajada, dice: «¡Caray! ¡No sabía que estuviera tan tensa!»

«Ya. Nadie es consciente de que lo está —replico—. ¿Y has visto que con sólo cinco segundos de concentración has podido darle la vuelta a la situación?»

«Es increíble», asiente.

«Para usar esta técnica no es necesario que esperes a que tu colon esté al borde de la crisis nerviosa, ¿sabes?»

Otra vigorosa carcajada de Dorothy marca el inicio de nuestra auténtica tarea, que llevamos a cabo durante sus visitas posteriores. Más que nada, aprende a relajarse. Durante las semanas que trabajamos juntas, explora la idea de que no hace falta una escapada de fin de semana, unas prácticas de meditación impecables ni una forma secreta de agarrarse las manos para acceder a la conexión entre mente, cuerpo y espíritu.

¿Cómo aprendió Dorothy a relajarse? Cada vez que notaba que empezaba a estresarse, sólo tenía que recordar la rapidez y facilidad con que su cuerpo respondió a los estímulos apropiados durante su primera sesión de hidroterapia de colon. Comprendió que si podía conseguir que su cuerpo se calmara tan de prisa en una situación como aquélla, podía hacerlo en cualquier momento y lugar. Y tenía razón. Tal como descubrió Dorothy sobre mi mesa aquel día, la respuesta se esconde dentro de nosotros. Para, aspira hondo y busca en el interior de tu cuerpo. Te dirá lo que necesitas.

A veces, las respuestas de tu cuerpo te sorprenderán. Puede que descubras que en lugar de tomarte más en serio lo de la relajación lo que necesitas es ver una buena comedia y hartarte de reír o bailar en el salón de tu casa al ritmo de tu canción favorita de los ochenta cuando nadie te ve. O puede que con sólo el sencillo y puro acto de pensar en ti mismo, *voilà*, el estrés se reduzca. Haz lo que tengas que hacer para cambiar tu perspectiva y tus vibraciones, aunque sólo sea durante unos minutos. Cuanto más lo hagas, más fácil te resultará. Y a partir de ahí sólo quedará recoger los beneficios.

Dorothy me ha contado que ahora duerme mejor. Como terapeuta suya, puedo atestiguar que ahora nuestras sesiones son mucho más sencillas. Ya sólo nos vemos de vez en cuando, en citas de seguimiento, donde pasamos un rato fabuloso poniéndonos al día de nuestras cosas.

Todos los divertidos experimentos que ha estado realizando con la relajación han liberado su psique, que ahora es capaz de mirar con más claridad las cosas a las que se aferraba en la vida, sus rutinas, sus actitudes y cualquier otro aspecto inconsciente que ya no es relevante, que ya no le sirve de nada. A partir de esa exploración está cambiando su forma de actuar, pasa más tiempo con sus amigos y, de hecho, usa sus días de vacaciones en lugar de acumularlos. ¡El tiempo de relax pide más tiempo de relax!

Y hasta la han ascendido en el trabajo. ¡Os juro que es cierto! Sigue visitando a su madre a diario, pero dice que ahora le resulta más fácil. Está menos estresada. Se siente en calma y posee un sentido de confianza y tranquilidad de los que antes carecía. ¡Y todo ello con sólo aprender a relajarse!

Wendy Beyer es una experta en hidroterapia de colon con más de veinte años de bagaje profesional a sus espaldas. Su misión personal es eliminar los miedos y tabúes asociados a los cuidados del colon. Comparte con sus pacientes sus profundos conocimientos sobre desintoxicación y purificación, pero ha descubierto que la mayoría de los problemas relacionados con la digestión, la asimilación y la eliminación de los residuos se resuelven simplemente enseñando a sus clientes a escuchar lo que «les dicen sus tripas».

Encontrarás más información sobre la autora y su obra en: www.wendycolonhydrotherapy.com

SÉ TÚ MISMO:
EL SECRETO DE LA FELICIDAD
INTERIOR

por Siobhan Coulter

¿Dejas salir tu brillo interior? No hablo de consumir vitaminas ni de usar los últimos productos de belleza facial; hablo de ponerte en contacto con tu felicidad interior y dejar que exude por todos los poros de tu cuerpo; de permitir que tu poder, tu felicidad y tu luz brillen desde dentro e iluminen el mundo que te rodea.

De manera instintiva, todos podemos acceder a nuestra dicha interior y vivir en el estado de felicidad natural, pero, por desgracia, la mayoría de nosotros hemos olvidado cómo hacerlo.

La gente intenta acceder a esa felicidad interior de muchas maneras distintas: por ejemplo, comprando cosas nuevas, como juguetes, ropa, juegos de ordenador y aparatos electrónicos. Pero si miras a esta gente de cerca, comprobarás que sólo brillan por fuera.

De hecho, no tiene nada de malo tener cosas que nos hagan brillar por fuera, sólo que se trata de algo que no dura eternamente. Las cosas nuevas siempre acaban haciéndose viejas y perdiendo el brillo, con lo que es necesario reemplazarlas por otras, y así se genera una búsqueda interminable de cosas que tener, hacer y comprar para seguir brillando. Lo sepan o no estas personas, lo que están buscando en realidad es su felicidad interior, porque ésta puede hacerlas brillar por dentro.

Para brillar desde dentro no necesitas cosas, sólo tienes que **ser**. No digo ser perfecto, rico, moderno o guapo. Sólo **ser tú mismo**. ¡No tienes que tenerlo todo! Simplemente, **ser tú**.

Ser tú significa hacer aquellas cosas que te gustan. No porque vayan a convertirte en perfecto, rico, moderno o guapo. Hacer y comprar las cosas que quieras hacer y comprar. Las cosas que te conmuevan hasta la médula. Las cosas que hagan cantar a tu corazón, que sean divertidas para ti, que te aporten felicidad y te hagan reír.

Cuando empiezas a sentir tu felicidad interior, deseas que la sensación no termine, por lo que comienzas, de manera natural, a acercarte a aquellas actividades que te provocan ese efecto. Así, lo único que tienes que hacer es permitir que las cosas sucedan y dejarte ir.

Recuerda que hacer lo que te pone en contacto con tu felicidad interior no significa que vayas a convertirte en el mejor del mundo en ello. Incluso puede que no se te dé nada bien. Pero aquí no se trata de ser perfecto ni de hacer las cosas de manera perfecta, sino de divertirte mientras las haces. ¿Qué más da que no seas capaz de tejer un traje de cuerpo entero ni pintes como los maestros del Renacimiento? Lo que importa es que el clac-clac de las agujas de punto te hace feliz, o que el corazón te da un vuelco cuando acercas el pincel al lienzo.

Cuando comiences una actividad nueva que requiera cierta destreza, hazte el favor de darte el tiempo y el espacio necesarios para practicarla antes de arrojarla a la «cesta de las cosas inútiles para la felicidad interior». ¡Es muy posible que no empiece a gustarte el tenis hasta que no consigas darle a la pelota con la raqueta por primera vez!

He aquí un pequeño ejercicio de imaginación creativa para que puedas paladear un poco lo que se siente al seguir a tu felicidad interior:

Imagina que estás haciendo algo que te encanta. Lo estás haciendo con todas tus ganas. Imagina lo bien que te sienta y lo feliz que te hace. Ahora siente que esa felicidad nace dentro de ti. Deja que crezca y brote hacia fuera. Imagina que es una estrella que brilla desde el mismo centro de tu cuerpo y que brota por todos sus poros. Haz una pausa y solázate en la sensación.

¡Caray! ¡Tienes un aspecto fabuloso! ¡Y, por cierto, estás brillando desde dentro!

Cuando brillas desde dentro, te revistes de todo tu poder y entras en conexión con la alegría de tu alma, tu alegría interior. Y ésa, amigo mío, es la razón última de la vida. Te sientes completo, dichoso y libre. Es una sensación gloriosa, pero es perfectamente posible de alcanzar. Así que ¡a por ella!

Siobhan Coulter es psicóloga y terapeuta de la energía especializada en terapias de regresión a vidas pasadas. La pasión de Siobhan por su propia travesía vital de curación la llevó a emprender estudios de posgrado sobre crecimiento personal y a abrir su propio gabinete de prácticas en Australia. Su gran objetivo es ayudar a otros a abrazar su propia energía interior, para que puedan llevar vidas completas, dichosas y libres. En la actualidad, Siobhan vive en Singapur con su amante esposo y sus dos preciosos gemelos. Éste es su primer trabajo publicado.

REGALOS HORRIBLES:
BENDICIONES DISIMULADAS

por Sheila Pearl, doctorada en trabajo social

A veces nuestras peores pesadillas se hacen realidad. Nos descubrimos pensando «¿Por qué yo?» Nos preguntamos cómo vamos a sobrevivir a las circunstancias aparentemente espantosas que han aparecido en nuestras vidas. A veces podemos hasta llegar a preguntarnos si queremos sobrevivir a la pesadilla.

Pero la sincronicidad es una realidad que nos rodea constantemente. Los sucesos en apariencia casuales que aparecen en nuestras vidas intentan decirnos algo. Los problemas y circunstancias dolorosas son en realidad oportunidades para desarrollar nuestra consciencia y nuestra percepción. La demencia senil de mi marido fue la peor pesadilla de nuestras vidas, pero con el tiempo he terminado por comprender que aquel período horrible fue en realidad un regalo maravilloso.

Un día, mi marido, Aaron, vio un destello brillante y cayó de espaldas, como si alguien lo hubiera empujado. El episodio comenzó a repetirse,

81

acompañado por otros problemas, como perderse cuando iba al cementerio para asistir a un funeral o llegar tarde a sus citas. ¡Y eso que siempre había sido la puntualidad personificada! Mientras estaba hablando, de repente perdía el hilo. Las caídas y desorientaciones se convirtieron en circunstancias habituales para él. Aaron había presenciado la demencia senil de su abuela y toda la vida temió sufrir la misma experiencia por la que había pasado ella.

No creía en la otra vida. Aunque profesaba el judaísmo tradicional, rechazaba su vertiente mística, la Cábala. Era un intelectual racional: poseía una mente científica y se burlaba de la supuesta utilidad de la intuición. No le gustaba que yo dijera que era un hombre intuitivo, aunque lo cierto es que la primera vez que me vio anunció a sus amigos: «¡Voy a casarme con esa mujer!»

Apreciaba su mente por encima de todas las demás cosas. Solía decirme: «¡Cuando ya no te reconozca, pégame un tiro!» Sin embargo, en una ocasión, cuando le pregunté si estaba listo para morir, exclamó: «¡No! ¡Me da miedo la muerte!» Y de este modo, el miedo se convirtió en nuestro compañero constante.

Aaron pasó cinco años postrado en cama, prisionero de la demencia senil. «¿Cuánto más va a durar esto?», exclamaba yo. Estaba indignada por la injusticia de que aquella cruel enfermedad pudiera despojar de su dignidad a un brillante orador y maestro y a mí de mi serenidad. Nuestros ahorros y fondos de pensiones desaparecieron y el banco ejecutó la hipoteca de nuestra hermosa casa. Me sentía aterrada, atrapada, furiosa e impotente.

Me convertí en una artista del escapismo. Me refugié en el trabajo y dejé que eso me mantuviera alejada de casa para no tener que enfrentarme a Aaron y a su enfermedad. Preocupados por mi estado emocional, unos amigos de Israel me invitaron a pasar una temporada en el país para descansar. Allí conocí a Yoram, quien me dijo que «lo habían enviado a mí» con un mensaje: «Vuelve a casa y ofrécele a tu marido tu amor incondicional. Quédate a su lado y recibe el regalo de este viaje. Recibe el regalo...»

Me parecía una solución incoherente, pero estaba tan desesperada que habría aceptado cualquier cosa.

Al volver a mi hogar, evalué los regalos y herramientas que había reunido en Israel durante mi viaje. Había aprendido a comunicarme de espíritu a espíritu, una técnica de «sintonización» llamada *kything*. Se trata de un proceso por el que dos personas pueden comunicarse sin palabras, sólo por medio de su intuición. Estaba aprendiendo a entrar en contacto con mi sabiduría intuitiva. Comencé a percibir con más claridad la sincronicidad que me rodeaba, en los maestros que me instruían y en la gente que, como Yoram, me traía mensajes.

Un día, mientras estaba meditando en el cuarto de Aaron, oí su voz con mi mente intuitiva: *No soy mi cuerpo. No soy mi mente. No soy mi cerebro. Ahora lo sé. Todo es energía... y la energía no muere. Cuando muere el cuerpo, sigue habiendo energía.* Sentí una descarga de adrenalina por todo el cuerpo. ¿Qué era eso que oía? ¿De verdad estaba Aaron comunicándose conmigo de espíritu a espíritu? Estupefacta e incrédula, decidí, sin embargo, seguir escuchando. Entonces añadió: *Sigue escuchando... Por fin has encontrado el camino hasta mi voz. Simplemente, sigue escuchando...* Un sudor frío me recubrió el cuerpo. Comprendí que lo más probable era que estuviese «imaginándome cosas». En esencia, la imaginación es la capacidad de dejar que otros reinos de la realidad entren en nuestro corazón y nuestra mente, y en aquel momento me di cuenta de que lo que estaba «imaginando» podía ser tanto un mensaje real de Aaron como el producto de mis propios deseos.

Pero, en cualquier caso, estaba recibiendo un mensaje, así que decidí seguir escuchándolo mediante el *kythe.* Al poco tiempo, comencé a practicarlo regularmente con Aaron, mis amigos y mis clientes. Y mientras me mantenía abierta, mientras seguía escuchando, la sincronicidad siguió manifestándose una vez tras otra, en un proceso de multiplicación.

A medida que mi comunicación intuitiva con Aaron crecía en importancia, él estaba volviéndose cada vez más despierto y alerta. Cuando su lucidez permanecía durante periodos de tiempo prolongados, a veces incluso manteníamos conversaciones verbales además de nuestra comunicación intuitiva. Sus enfermeras estaban asombradas por los cambios experimentados en su energía y estado de alerta. Sí, aún se alejaba de vez en cuando para vagar por otros planetas y dimensiones, y yo a menudo me preguntaba dónde estaría. Pero en nuestro silencio, me hablaba sobre su salto a otras dimensiones de la consciencia. Donde antes había miedo se instaló ahora la maravilla. Donde antes había rabia y cólera, quedaron sólo la entrega y la serenidad.

Un día, poco antes de fallecer, me dijo intuitivamente que ya no temía a la muerte. Dijo «saber» que no existe la muerte. Dijo que no podía imaginar la idea de separarse de mí. Su cuerpo moriría, pero él siempre estaría a mi lado.

El 1 de abril de 2005 me llamó su enfermera: «¡Se niega a comer! ¿Qué quiere que haga?» Lo comprendí. Aaron estaba listo. (En aquel tiempo murió el Papa, ¡y pensé que había invitado a Aaron a unirse a él!) Al llegar junto a su cama vi que estaba alerta, casi desafiante, y que sus ojos se mostraban totalmente claros, sin que nada los nublara.

¿Estás listo para irte, mi amor?, le pregunté.

Me dirigió una mirada de complicidad. *Sí... Lo estoy.*

¿No te da miedo la muerte?, le pregunté.

Y él respondió con toda determinación: *No, estoy preparado.*

Le dije a la enfermera que dejara de darle de comer y de beber, porque estaba listo para irse. El proceso de liberación se prolongó durante una semana. Al llegar su «día de la continuación», le sostuve la mano y mantuve mi respiración sincronizada con la suya mientras se acercaba el momento final. Aunque había estado alerta durante el día, le pedí un último beso, que me dio mientras me susurraba: *Adiós, hermosa mía...* Aquella noche, cuando exhaló su último aliento, ¡me sentí como si en realidad estuviéramos naciendo!

Para mí, aquella enfermedad espantosa se transformó en dones y bendiciones increíbles. Pude compartir con mi marido la mismísima sustancia de la vida. Y en aquel proceso descubrí que la vida es mucho más de lo que podemos llegar a imaginar: que no somos nuestros cuerpos ni nuestros cerebros, y que una enfermedad como la demencia senil es una oportunidad de presenciar a cámara lenta el proceso de transición, de experimentar las numerosas dimensiones de la consciencia que se abren al ser humano cuando deja que exista el silencio y se limita a escuchar.

De modo que, la próxima vez que recibáis uno de estos «regalos horribles», espero que podáis encontrar la maravillosa bendición que se esconde debajo.

Sheila Pearl, además de doctorada en trabajo social, es instructora vital y una conferenciante muy activa en la zona de Nueva York. En 2011 quedó finalista en el concurso del «Próximo gran autor de autoayuda», y en otoño del mismo año publicó su anterior obra, *Ageless & Sexy*. En 2012 publicó *Looking for the Gift: Conscious Conversations on Facing Adversity* (con prefacio de Neale Donald Walsch). También es autora de *Still Life: A Spiritual Guidebook for Life Transitions*, *Wake Up Women: Be Happy, Healthy & Wealthy* y coautora de *The Winning Connection*.

YA LO LLEVAS DENTRO DE TI

por Susan Barker

> «El juicio y el amor son opuestos. Del primero derivan todos los pesares del mundo. Del segundo, la paz de Dios.»
>
> Un curso de milagros

Al llegar a este mundo como preciosos bebés no sentimos desaprobación por los demás ni por nosotros mismos. Éste es un comportamiento aprendido, una respuesta al amor condicional basado en la aprobación y la desaprobación. Incluso aquellos de nosotros que nos sentimos muy amados de niños nos encontramos con situaciones en las que aprendemos que el amor y la aceptación dependen de nuestro comportamiento, de nuestro aspecto y de lo que conseguimos. Pero la verdad es que nacemos valiosos sencillamente porque nacemos. Nada de lo que podamos hacer o no hacer en esta vida puede cambiar eso. Un curso de milagros afirma: «Tu valor no se establece con lo que enseñas o lo que aprendes. Tu valor lo establece Dios. Nada de lo que piensas, haces o deseas es necesario para establecer tu valor.»

Tomemos esta idea un momento. Sentémonos con ella, sintámosla, respirémosla. Leer este párrafo y sentir la verdad que contenía fue un verdadero despertar para mí. Antes de ello, me había pasado la vida entera tratando de ser valiosa. Esto había significado cosas distintas en momentos distintos: tratar de ser delgada, guapa y una buena estudiante; tratar de ser ingeniosa; obtener una titulación universitaria; ser amada por los demás; decir «sí» cuando quería decir «no»; tener novio, marido e hijos; obtener y conservar un empleo; pagar las facturas; poseer una casa; ser buena ciudadana, etcétera. Todo ello relacionado con obtener la aprobación de mi familia y de la sociedad. Y nada con la auténtica valía.

Todos podemos sentir la verdad de nuestra valía en el fondo de nuestra alma y de nuestro corazón, aunque puede que al principio no nos demos cuenta. Sin embargo, la afirmación de que todo el mundo, incluidos vosotros y yo, nace digno de amor incondicional, es una idea extraña para la mayoría, o al menos una idea que hemos olvidado. Decimos que nos amamos, pero nuestra cabeza está llena de soliloquios como éste: «ojalá no tuviera tanta tripa. Ojalá tuviera más pelo, una nariz más pequeña y no me estuviera haciendo vieja. Ojalá no tuviera este lunar en el cuello, fuese más lista, ganara más dinero, tuviera un hombre, tuviera una mujer, contara con la aprobación de mi padre o con la comprensión de mi madre...» La lista se extiende *ad infinitum*.

Es difícil que nos sintamos valiosos y repletos de amor incondicional cuando nos juzgamos con tanta severidad a nosotros mismos. En la mayoría de los casos, el peor tirano de nuestra existencia es el que vive dentro de nuestra cabeza. Pensad en ello. Nunca les diríamos a los demás las cosas denigrantes que nos decimos a nosotros mismos. Pero si prestáis atención a vuestro soliloquio interno, descubriréis que pasáis tanto tiempo juzgándoos que es imposible que os améis a vosotros mismos.

Hay gente que dice que si dejamos de juzgarnos no podremos seguir avanzando y no alcanzaremos nuestras metas. Pero el mero hecho de que esto sea algo que nos han enseñado generación tras generación no quiere decir que sea verdad. El miedo, el juicio y la competitividad han dado forma a nuestra sociedad y nuestro concepto del bienestar. Estas «herramientas» de motivación no funcionan porque no estamos contentos con nuestro nivel de dicha, paz y satisfacción.

Vamos a darle la vuelta a la tortilla. Eres valioso simplemente porque lo eres. Eso quiere decir que puedes confiar en que el amor te hará prosperar. Puedes confiar en que nos hará crecer a todos. ¿Qué cosas cambiarían en tu vida si comenzaras creyendo que te mereces el cielo en la tierra, al igual que todos los demás? Imagínate. Tal vez dejaras de derrochar tanta energía tratando de demostrar que eres digno y te dieses cuenta de que ya lo eres. Si experimentaras la dicha, el amor y la paz que son tu derecho de nacimiento atravesarías los vaivenes de tu viaje vital con una confianza plena, fruto de tu inherente valía. Ya no tendrías que competir por el prestigio y los recursos, porque si todos somos criaturas valiosas, viviremos en un mundo de respeto y abundancia. Como escribió Anaïs Nin: «No vemos las cosas como son, las vemos como somos nosotros.»

Si somos valiosos porque existimos, podremos ver (y, por consiguiente, crear) con los demás un mundo que refleje esto a través de nuestros pensamientos y nuestros actos. Es decisión nuestra creer que somos valiosos por obra y gracia de nuestro nacimiento y que cada una de nuestras decisiones nos dotará de mayor poder. Por tanto, os invito a amaros por la mera razón de que existís.

Susan Barker siente pasión por enseñar a la gente a amar, honrar y mimar lo que son. Dirige talleres de experiencias en su estudio y se dedica a dar conferencias, además de a instruir a clientes de todo el mundo en disciplinas tales como Mandala, Contratos sagrados, Ámate a ti mismo, Ama tu cuerpo y Poder vital.

Susan es graduada por las universidades de Drake y Iowa, además de instructora vital titulada por el Institute for Professional Excellence in Coaching.

Vive en los suburbios del noroeste de Chicago con su marido, su hijo y una hueste de amiguitos peludos y plumíferos.

Encontrarás más información sobre los talleres y los cursos de Susan en: www.themandalacoach.com

EL PODER
DE LA ELECCIÓN CONSCIENTE

por Glenyce Hughes

En el mismo instante en que me di cuenta de que estaba creando mi propia vida por medio de mis decisiones, comprendí el poder que tenía sobre ella.

Hace cinco años estaba hasta el cuello de deudas y sin una salida a la vista. Comprendía hasta cierto punto la ley de la atracción (LDA) y, por muy ridículo que pueda sonar ahora, estaba intentando utilizarla para conseguir que me tocara la lotería y así poder pagar mis deudas. Pero todas las semanas, al ver que mis números no habían salido, me hundía un poco más en el abismo de desesperación en el que estaba metida. Aunque en aquel momento no era consciente de ello, había escogido el papel de víctima y sentía que lo único que podía salvarme era algo procedente de fuera, algo ajeno a mí. Una noche, mientras estaba sentada, sintiendo desesperación y lástima de mí misma, supliqué ayuda al universo. En ese momento, mi intuición me llevó a adoptar una serie de pautas de comportamiento a las que llevaba años resistiéndome. Para salir iba a necesitar compromiso y dedicación a mí misma. Y también que optara por pagar mis deudas frente a la gratificación instantánea que me proporcionaba ir de compras.

Fue en aquel momento cuando pude ver con claridad que mis decisiones anteriores me habían llevado a esta situación de enorme endeudamiento. Era la única y absoluta responsable de la circunstancia en que me encontraba; no sólo desde el punto de vista financiero, sino en todas las demás áreas de mi vida. Ya no tenía la opción de culpar a los demás o a los acontecimientos.

Siguiendo mi intuición, me decidí a dedicar al pago de mis deudas todos los ingresos generados por los talleres que impartía. Ni siquiera lo utilizaría para cubrir los gastos que generaban los talleres. Hasta el último céntimo iría destinado a la deuda.

En cuanto asumí la idea de que mis decisiones afectaban todos los aspectos de mi vida, mi mundo entero empezó a cambiar para mejor. Comencé a darme cuenta de que una serie de decisiones pequeñas y aparentemente insignificantes, sumadas, eran la causa de los buenos resultados que estaba empezando a ver a mi alrededor.

Las decisiones de dar un paseo de diez minutos tras una comida copiosa o de irme antes a la cama se tradujeron en que empecé a sentirme mejor y más llena de energía que desde hacía muchos años. La de pensar positivamente me reportó sentimientos de mayor felicidad. La de ser honesta con los demás dio origen a relaciones más profundas.

Era embriagador saber y sentir que, a través de mis decisiones, tenía el poder de cambiar por completo mi vida.

Ya no necesitaba ganar la lotería para salvarme. Tenía el poder de hacerlo yo misma, tomando las decisiones que me garantizarían la libertad financiera. Gracias a esto, pude saldar todas mis deudas en menos de un año.

Todas las decisiones que tomamos tienen efecto en nuestras vidas. Puedes cambiarla para mejor. Se trata simplemente de tomar una decisión consciente detrás de otra. Esto quiere decir tomarse el tiempo necesario para pensar bien las opciones disponibles y los posibles resultados de cada una de tales decisiones.

Os sugiero que empecéis por un aspecto de vuestra vida que no esté funcionando como os gustaría y os concentréis en ser más conscientes a la hora de tomar decisiones relacionadas con él. A partir de ahí, estas decisiones comenzarán a encaminar ese aspecto en la dirección deseada. Y cuando haya cambiado, podéis pasar a otro.

Hay ocasiones en que nos sentimos abrumados por lo que querríamos cambiar, en que creemos que el problema es demasiado grande. Equivocadamente pensamos que debemos cambiar todo lo que tiene que ver con el problema de una sola vez. Pero, en realidad, lo único que tenemos que hacer es tomar una decisión distinta para empezar a caminar en la dirección correcta. Sólo una, por pequeña o insignificante que pueda parecer. Y luego repetirlo al día siguiente. Y al otro. Pasados tres días con estas nuevas decisiones, comenzaréis a sentir que lo abrumador se vuelve factible. Sabréis que se está produciendo el cambio porque experimentaréis una sensación de ligereza y alivio. Y estas sensaciones os permitirán tomar decisiones que os apoyarán en la senda del cambio. Así, pasito a pasito, llegaréis adonde queríais llegar, antes de lo que podríais imaginar.

La capacidad de crear la vida que queráis llevar por medio de vuestras decisiones es la herramienta más poderosa que podéis poseer. Y además, al saber que has creado algo, también descubres que tienes el poder de cambiar lo que no funciona.

Puedes recibir inspiración de los demás, pero en última instancia eres tú el que debe tomar la decisión de cambiar una situación o mantenerla.

GLENYCE HUGHES ayuda a los demás a alcanzar sus sueños aprovechando todo su poder y su potencial. Es una líder en los campos de la consciencia, la intuición, la percepción y la transformación energética.

Todo el que la conoce y entra en contacto con su trabajo constata la infinita magnitud de su amor, su dicha y su deseo de vivir la vida en plenitud. Por medio de sus escritos, sus sesiones en grupo, sus talleres, sus clases a distancia y sus sesiones individuales, inspira a miles de personas a cambiar aquellas ideas que las limitan y a atreverse a vivir sus sueños.

Encontrarás más información sobre la autora y su obra en: www.glenyce.net

EL HÁBITO
DE LA ATRACCIÓN

por Robert Evans

En 2007 escuché cinco palabras que me cambiaron la vida. Había llegado a un punto en el que no podía seguir reprimiendo la vocación por convertirme en el mensajero que sabía que era, por convertirme en dueño de mi propósito y dedicarme a algo bueno que me apasiona.

Me senté para practicar la «bitácora de conversación» (una técnica que ahora enseño a otros). Mientras lo hacía, entablé una conversación con mi «yo superior», y lo que surgió de esa conversación cambiaría las vidas de miles de personas por todo el mundo en los años siguientes.

Me pregunté: «¿Qué me inspira pasión?» La respuesta fue: «Cambiar las cosas, inspirar a los demás, enseñar.» A continuación me pregunté: «¿Qué tipo de mensajes son los que quiero comunicar?» Y mi respuesta fue: «Los que conduzcan a la creación de hábitos sólidos y a la ley de la atracción.»

De esta conversación surgieron las cinco palabras: el hábito de la atracción.

Eso era todo. Cinco palabras y nada más. Pero junto a ellas, en mi interior, había también certeza y, por primera vez en mucho tiempo, la voluntad de soltar amarras y seguir adelante con esta intrigante idea expresada en cinco palabras.

Envié un mensaje a todos mis contactos de correo electrónico, varios miles de personas por aquel entonces, en el que los invitaba a una conferencia para discutir aquella idea. Me habría dado por satisfecho si me hubieran respondido cincuenta de ellos. Más de mil quinientas personas de todo el mundo se ofrecieron a oír lo que tenía que contar sobre esa idea, esas cinco palabras. A partir de entonces, mi transformación en mensajero fue un hecho.

El hábito de la atracción (HDA) es algo muy sencillo y precisamente por eso funciona. Combina los principios de la creación de hábitos con los de la ley de la atracción. Yo sabía que podría dar mayor solidez a su manifestación si encontraba el modo de establecer una «conexión» entre mis deseos y mis objetivos y alinear mis propias energías con la energía de aquellos deseos. Comprendí que si era capaz de crear hábitos que reforzasen de manera consistente tales conexiones, podría manifestar cualquier cosa.

Hoy, la gente que aprende y pone en práctica el hábito de la atracción en sus vidas constata resultados maravillosos. Por descontado, como pasa con todo, hace falta compromiso y perseverancia. Pero es algo muy sencillo, al alcance de cualquiera.

El proceso del HDA comprende tres principios motrices y veinticinco herramientas diseñadas para ayudar a la energía a fluir y conectar a la gente con sus deseos y objetivos.

Los tres principios son estos:

Todo está en la energía

Primero enseño a la gente a cobrar consciencia de cuatro puntos energéticos: pensamientos, palabras, sentimientos y acciones.

Debemos alinear estos cuatro puntos energéticos entre sí. Para atraer un deseo y permitir que se manifieste en nuestras vidas, debemos acompasar nuestra vibración energética con la de nuestro deseo.

Creo que todos nuestros deseos existen ya en un campo energético, pero con una vibración con la que aún no estamos alineados. Nuestro cometido es aumentar la nuestra hasta que alcance un estado de «vibración similar». Cuando suceda esto, podremos «permitir» que este deseo penetre en nuestra existencia. Si conseguimos percibir con mayor claridad la energía que emitimos y la que absorbemos, nuestra capacidad de manifestar mejorará al instante.

Simplicidad y consistencia

Todos los días la energía fluye por nosotros a través de estos cuatro puntos energéticos, y el aumento de la vibración depende de lo consistentes que seamos con este flujo. La consistencia requiere mantener la simplicidad de las cosas, porque en cuanto nuestra vida o nuestra concentración se complican o se ven abrumadas, el flujo se detiene y la vibración cambia.

Imaginaos que veis la energía como una esfera de luz. En el mismo instante en que decidís convocar un deseo, se genera una luz dentro de vuestro cuerpo. Debéis hacerla crecer mediante el pensamiento, la palabra, el sentimiento y la acción, de manera que se alineen con ese deseo. De este modo se expande la luz por medio de los cuatro puntos energéticos. Cuanto más la alimentéis, más aumentará su vibración.

La simplicidad de la manifestación ayudará a mantener el flujo que hace crecer la energía y permitirá que el deseo cristalice antes. Y aquí es donde entran en juego los hábitos.

Conoce el destino concreto al que te diriges

Cuando me pregunté lo que realmente deseaba hacer en la vida, quedé bastante sorprendido, porque sólo tenía una idea vaga sobre mis deseos. Quería más dinero. Quería mejorar mi estado de salud. Quería tener mejores relaciones personales. Quería una vida con más objetivos.

Ninguno de mis deseos era demasiado específico, pero en este sentido no era una excepción. A casi todas las personas a las que les he enseñado este proceso les ocurría algo parecido. Comprendí entonces por qué les pasaba lo mismo a todas mis manifestaciones, que, o daban en la diana o erraban por completo. No sabía con qué energía en particular tenía que entrar en contacto para atraerla y dejarla entrar en mi vida. Pero en cuanto definí un deseo concreto, pude alinearme con su vibración energética específica.

En el proceso de los HDA definimos nuestros deseos concretos redactando una «afirmación de deseo». Una afirmación de deseo es una expresión cargada de energía que, además de definir un deseo en particular, se convierte en el más potente de los «activadores» energéticos, al enviar múltiples haces de energía a tu deseo cada vez que la lees.

Al comprender y practicar estos tres principios, más las veinticinco herramientas que describo en el libro *Habit of Attraction*, podréis convertir la ley de la atracción en un hábito y así empezaréis a construir un «hábito de la atracción» que atraerá a vuestras vidas todas las cosas que realmente deseáis.

ROBERT EVANS es el fundador de Messenger Network y el creador del proceso de manifestación conocido como «hábito de la atracción». Los programas de Robert enseñan a la gente a adentrarse en su mensaje personal e interior, a cambiar el mundo de manera colectiva y a llevar vidas llenas de propósitos y pasión.

Encontrarás más información sobre el autor y el proceso «hábito de la atracción» en: www.HabitofAttraction.com

VISUALIZACIÓN:
IMAGÍNALO PARA CONSEGUIRLO

por Glenn Groves

Estaba gordo. Había pasado del sobrepeso a la gordura y de la gordura a la obesidad. Durante casi veinte años pareció como si no tuviera ningún control sobre mi peso. Era como si algo dentro de mí estuviera obligándome a no ser delgado. Perder peso era fácil. Sabía lo que tenía que hacer para conseguirlo. Sólo que no lo hacía.

Por suerte, un amigo me habló sobre la visualización: imaginar aquello que deseas tener o aquello que deseas ser. Me explicó que cuando lo que visualizas te hace sentir bien, comienzas a acercarte a ello de manera natural.

Y yo comencé a visualizar el estado «delgado».

Sin embargo, siempre que trataba de imaginarme a mí mismo delgado, seguía viéndome gordo. Estaba atascado. ¿Cómo podía imaginarme delgado cuando sólo podía verme gordo? La respuesta es muy sencilla. De manera natural nos sentimos atraídos por aquellas cosas que, al verlas, nos proporcionan bienestar. Pero no es necesario que nos imaginemos a nosotros mismos como protagonistas de ellas. Así que escogí a una persona delgada a la que conocía (una persona sana y feliz) y la visualicé. De este modo comencé a ver la delgadez.

Siempre que tenía tiempo, imaginaba a mi amigo y lo veía delgado, con una sonrisa grande y genuina en los labios. ¡No era difícil, porque es un tipo delgado y siempre está sonriendo! Al cabo de pocos días, mis malos sentimientos empezaron a remitir y luego desaparecieron por completo. Cada vez me era más fácil mejorar la dieta y consumir menos calorías. Ya no tenía que combatir el deseo de atracarme de comida basura y seguir gordo. Finalmente, después de años de batalla contra el sobrepeso, gané la batalla. Hace veinte años comencé una travesía que me llevó a un estado de preocupante obesidad. Ahora, por fin, vuelvo a tener un peso saludable. Tengo poco más de cuarenta y vuelvo a pesar lo mismo que cuando era adolescente.

Al constatar que la visualización funcionaba, comencé a investigar las razones. Los cimientos psicológicos de la visualización son sencillos y sólidos.

Nuestra mente está dividida en dos «partes»: el consciente y el subconsciente.

El subconsciente «oculta» pensamientos y deseos (buenos o manos) que no queremos recordar, pero también nos mantiene a salvo del peligro. Su manera de conseguirlo es lo que convierte a la visualización en una herramienta realmente potente.

Imaginaos que estáis dentro de un edificio y queréis salir. Hay tres pasillos por los que podéis hacerlo. En el primero no hay luz. En el segundo sí y parece peligroso. El tercero, que también podéis ver, parece seguro. Casi todo el mundo escogería el tercer pasillo para escapar. Y el responsable de ello es nuestro subconsciente, que quiere protegernos.

El subconsciente utiliza dos normas básicas para mantenernos a salvo del peligro:

1. Adentrarse sólo en aquellos sitios donde se puede ver el objetivo final.
2. Si existen varios caminos para ir a algún sitio o atravesar algo, hacerlo por el que parezca más cómodo o seguro.

Es lógico; no sabemos qué peligros acechan en lo desconocido. Como regla general, aquellas cosas que nos hacen sentir cómodos suelen ser más seguras que las que nos hacen sentir incómodos.

Cuando digo que nuestro subconsciente sólo nos permite «ir» a alguna parte, me refiero a lugares y circunstancias físicas. Se puede ver el hecho de ser gordo o delgado como una circunstancia.

Nuestro subconsciente nos «habla» por medio de las emociones. Cuando quiere que cambiemos de dirección nos hace sentir deprimidos, irritables, incómodos o estresados. No nos gustan estas sensaciones, así que tratamos de cambiar las cosas. Cuando quiere que vayamos en una dirección concreta, nos hace sentir cómodos y a gusto. Nos complace sentirnos así, de modo que avanzamos por el camino sugerido. Podemos definir la dirección que nos marca el subconsciente por medio de la visualización.

La visualización nos permite reinventarnos a nosotros mismos acostumbrando a nuestro subconsciente a ir en la dirección en la que queremos orientar nuestras vidas. Una vez que estamos familiarizados con el camino, nuestro subconsciente nos impulsa hacia allí de manera natural porque le resulta más cómodo. Así, la visualización nos transforma de dentro a fuera, de manera elegante y sencilla.

GLENN GROVES enseña herramientas de «psicología práctica» que la gente puede utilizar para mejorar su vida cotidiana. Lleva impartiendo seminarios sobre instrucción en el área del desarrollo personal desde 1997 y es miembro de Mensa Australia.

Encontrarás más información sobre el autor y su obra en: www.thefutureisfreedom.com

INTENCIÓN RELAJADA:
UNA SENDA HACIA LA PAZ

por Leslie Gunterson

El karate es un arte marcial de fama mundial que tuvo su origen en Japón y utiliza un estilo de lucha sin armas. Pero mucha gente ignora que la palabra *karate* quiere decir literalmente «manos vacías». Esto puede significar muchas cosas distintas para cada uno de nosotros. Para la mayoría significa simplemente que las manos no empuñan armas. Según el escritor Terrence Webster-Doyle, el karate es «el arte de vaciar el yo».[1]

Con el karate aprendes a vaciar el yo del miedo mediante la eliminación de los objetivos personales. El yo vacío ama a los demás, por lo que no conoce el miedo. Cuando tienes objetivos personales, coexisten siempre con la idea inherente de que el futuro podría no darte lo que crees necesitar, a menos que actúes.

Lo que yo he llegado a comprender es que todos tenemos ya lo que necesitamos, sólo que muchas veces no nos damos cuenta de ello. Por ejemplo, echad un vistazo a la habitación en la que os encontráis en este momento y decidme si necesitáis algo que no tengáis. Cuando comprendemos que ya tenemos todo lo que necesitamos, el miedo desaparece. Cuando percibimos cada momento tal como es, la carencia deja de existir. Sólo experimentamos carencias cuando imaginamos el futuro o recordamos el pasado. Al estar plenamente en el presente, damos gracias por la abundancia de recursos a los que tenemos acceso.

Para la mayoría de nosotros, esto de acordarse de que ya tenemos todo lo que necesitamos es más fácil de decir que de hacer. Lo que os recomiendo es lo que he aprendido por mí mismo, una práctica a la que llamo «intención relajada».

El primer paso es relajarse. Cuando aparecen pensamientos de miedo y necesidad, los recibo sin el diálogo interno que conduce a la ansiedad. Hay que responder al parloteo de la mente antes de que esto se produzca, o de lo contrario, como un adolescente, seguirá discutiendo cada vez con más vehemencia hasta que crea que se le hace caso. Cuando me asalta una punzada de miedo, tristeza o remordimiento, no le pongo nombre. No la transformo en ansiedad entablando un diálogo interno con ella, simplemente me limito a honrarla: «Sí, aquello me hizo daño. Sí, aquello fue duro.» No justifico, discuto ni defino mis sentimientos. Respiro hondo, recibo lo que siento y lo libero con la exhalación.

A continuación llega la intención. Tras recibir y exhalar, dejo ir conscientemente los pensamientos de miedo y necesidad. Opto por reemplazarlos por una sensación de cariño, abundancia y apoyo del mundo que me rodea. Percibo la generosidad de los recursos del universo. Entro en contacto de manera consciente con el aire, los árboles, la tierra y mis semejantes, y siento la abundancia energética de todo. Todo está aquí para ayudarnos.

Una vez que he llevado a cabo este ritual, puedo continuar con lo estaba haciendo antes, aunque a veces tenga que repetir el ejercicio muchas veces al día. Al relajarme, honrar mis sentimientos y aplicar la intención, puedo centrarme en la abundancia del momento y así aliviar mis miedos y temores.

Os deseo a todos lo mejor y deseo que viváis y améis con vuestro propio propósito y vuestra propia visión del mundo. No tenéis nada que perder, salvo el miedo, y sí, en cambio, mucho que ganar. Recordad que no existe necesidad y que no estáis solos. Siempre permanecéis conectados con todas las criaturas vivas que os rodean. Por tanto, tenéis todos los recursos que podéis necesitar en cada instante.

El miedo y el amor no pueden coexistir. El amor perfecto es el de ahora, el de este lugar y este momento. Es un amor activo, un verbo y no una sensación. El amor perfecto es una acción valiente y el deseo de que todo el mundo tenga lo mejor en todo momento. En el espacio del amor perfecto existe gratitud por la abundancia que nos rodea de manera permanente. La ansiedad deriva de la conversación interna, mientras que la paz lo hace de la quietud y la resolución íntimas. El reto reside en acallar la conversación interna sobre el pasado y el futuro para sentir la quietud interior y la abundancia del momento presente.

Regresando a la metáfora del karate, cuando nuestras manos están vacías, también están abiertas. Cuando alguien siente medio o rabia, normalmente tiene los puños cerrados. Las manos cerradas son para pelear, defenderse o atesorar. Las manos abiertas y vacías son para recibir, dar y abrazar. Por tanto, el sentido profundo del karate es la mano vacía y abierta, dispuesta a dar y a recibir en plenitud, sin miedo a la escasez o a la carencia. Es confianza silenciosa, paz interior y conexión con la abundancia del momento presente.

¿Podéis abrir las manos y relajaros para entrar en el ahora?

LESLIE GUNTERSON es instructora titulada, especializada en transiciones vitales para jóvenes, estudiantes, padres y profesores, además de maestra de artes marciales y pedagoga. Vive en la zona de la bahía de San Francisco y lleva más de diecinueve años trabajando en proyectos de educación comunitaria, tanto en el sector público como en el privado. Tiene un máster en Educación Especial por la Universidad de Brandman.

Su propósito en la vida es dirigir, enseñar e inspirar a todos (ella misma incluida) para ser mejores personas, aprovechar todo su potencial y llevar una vida divertida.

FRACTALES: DETECTAR
LOS PATRONES DE NUESTRA EXISTENCIA

por Kimberly Burnham, PhD (doctorada)

Un ingrediente que a veces se olvida para experimentar con toda su plenitud los destinos de cada uno es reconocer los patrones de nuestro cuerpo, el auténtico tejido que conforma nuestras vidas. Nos resultará más fácil comprender los mensajes que nos rodean, compartir nuestros dones y comunicar nuestras ideas a la gente que pueda aprovecharlas cuando comprendamos cómo encajan en el todo nuestras células, tejidos y órganos individuales, cada uno a su manera.

El matemático francés Benoit Mandelbrot acuñó un término para describir el amplio abanico de patrones o estructuras geométricas que se pueden encontrar por toda la naturaleza, en sitios como árboles, riberas, en las ramificaciones de la estructura capilar de nuestro sistema circulatorio, en las capas de tejido del intestino delgado y en la red neuronal de nuestro cerebro. El término es «fractales», y engloba las formas similares que pueden encontrarse por todas partes en gran abundancia de texturas. Un árbol es un buen ejemplo de fractal, en el sentido de que cada rama parece una versión más pequeña del propio árbol. Incluso las hojas tienen minúsculas venitas ramificadas similares a la rama que les sirve a ellas de tronco. Desde el punto de vista visual es muy complejo, pero está formado por un mismo patrón ampliamente ramificado.

El término fractal describe los objetos de forma irregular de nuestro universo natural: los nudosos pinos de áspera corteza, las oscuras nubes de precipitación, los contornos de los Andes peruanos, la costa de California... Estas formas son similares en sí mismas (lo que yo llamo «autosimilitud») hasta los niveles más pequeños, que, simplemente, son demasiado pequeños como para poder medirlos. Pero aun así, dotan de textura a nuestra realidad.

Al igual que un árbol, nuestro cerebro —esa intersección de mente, cuerpo y espíritu— contiene nervios ramificados y similares entre sí, y gracias a este diseño fractal podemos comunicarnos con los demás y percibir el mundo que nos rodea y el de nuestro interior. Un cerebro sano puede procesar la información de un modo que «encaja» en un paisaje personal definido por actitudes, conocimientos anteriores y experiencias. Cada vez que nos encontramos con algo nuevo, cambiamos el contorno de nuestro sistema nervioso. Cambiamos el patrón de encaje. Cada vez que percibimos algo nuevo, ampliamos la vida de nuestro cerebro.

Una característica definitoria de un cuerpo, una mente y un espíritu sanos es su adaptabilidad, la capacidad de responder a situaciones inesperadas, sentimientos desconcertantes o realidades estresantes. La rica y compleja naturaleza fractal de nuestro cerebro sugiere que estamos perfectamente diseñados para disfrutar de manera cómoda y segura del infinito número de relaciones que hay en este universo.

Hasta las convoluciones del intestino delgado tienen una estructura fractal, similar a los contornos hipnóticos de las *matrioskas* rusas. Dentro de los pliegues de las paredes intestinales hay diminutas cilias, estructuras capilares que aumentan la superficie. Y en las cilias se pueden encontrar protuberancias aún más pequeñas que aumentan la aspereza de las paredes. Y en estas protuberancias hay... bueno, supongo que lo pilláis. La medicina complementaria o los regímenes nutricionales, como las dietas libres de gluten, ayudan a optimizar la naturaleza fractal de las áreas superficiales del sistema digestivo.

Toda esta superficie de contacto existe para captar la abundante información sensorial de nuestros intestinos, en el lugar donde se toman importantes decisiones sobre lo que se debe absorber y lo que debe pasar al intestino grueso. También es el sitio al que hacemos referencia cuando decimos que «tenemos un sentimiento visceral», una intuición, una información adicional que usamos a la hora de tomar decisiones. Unos intestinos sanos, más fractales, nos ayudan a crear «gimnasios de la intuición», donde podemos acceder a la sabiduría de nuestro subconsciente y mantener nuestra posición en el mundo, frente a los demás y frente a nosotros mismos. Nuestras decisiones vitales influyen en la capacidad de nuestras tripas de tomar las suyas.

Los patrones fractales nos invitan a mirar dentro de nosotros mismos y más allá de las limitaciones percibidas, a ampliar nuestros puntos de vista con respecto a las opciones de que disponemos y a comprender cómo podemos influir en la senda por la que transita nuestra existencia y las relaciones que unen todos estos elementos. Como dijo el gran naturalista John Muir: «Cuando tratamos de estudiar algo por sí mismo, descubrimos que está unido a todas las demás cosas que hay en el universo.»

Del mismo modo, la naturaleza fractal de nuestros cuerpos, de las cilias más pequeñas a la estructura del cerebro, nos proporciona un proceso natural por el que podemos encontrar el sitio que nos corresponde en el gran rompecabezas del universo con sólo prestar atención a los patrones autosimilares que nos rodean.

La doctora KIMBERLY BURNHAM es una especialista en terapias de integración que ayuda a la gente a experimentar el movimiento, la flexibilidad, la claridad, la energía y la vida, independientemente de cualquier disfunción cerebral, nerviosa o visual que se les haya diagnosticado. Trata los distintos aspectos de sus clientes de West Hartford, Connecticut, Estados Unidos y Europa mediante prácticas llamadas Terapia de integración (energía), Energías matriciales (información), Terapia manual de integración (tacto) e Instrucción en salud (palabras). Es, además, la autora de *The Nerve Whisperer, Regain Your Life through Brain Health* y del opúsculo *Our Fractal Nature: A Journey of Self-Discovery and Connection*, publicado bajo los auspicios de Messengers of Change Network. Ha publicado también numerosos artículos en la prensa científica y da conferencias regularmente en los congresos de la asociación Defeat Autism Now y de la Alzheimer's Association.

TÚ SIÉNTATE:
RUTINA PREVIA A LA MEDITACIÓN

por Liz Byrne

¡Que te sientes!

Sí, te hablo a ti. Ya sabes a quién me refiero. Llevas días pensando en la meditación, o puede que semanas o meses. Podría ser que nunca hayas intentado meditar o que lo hayas intentado varias veces sin conseguir nada. Podría ser que te hubiera ido bien en un primer momento, pero de repente te hubieras encontrado incapaz de hacerlo. Ya has leído todas las cosas fabulosas que la meditación puede hacer por ti: aliviar el estrés, reducir la ansiedad, reforzar tu sistema inmunológico, mejorar tu memoria y tu capacidad de aprendizaje... La lista sigue y sigue hasta el infinito.

Así que, si eres consciente de todas estas cosas maravillosas, ¿por qué no estás meditando ahora mismo? Supongo que porque eres incapaz de imaginar que tienes el cerebro en blanco y estás sentado, completamente inmóvil, en este momento concreto.

La buena noticia es ésta: no estás solo. Hace poco

me encontré en un estado de total falta de concentración que se prolongó durante días y días. Me estaban sucediendo muchas cosas y me sentía presa de la ansiedad e incapaz de concentrarme. Mis prácticas de meditación, que habían sido bastante fructíferas durante los dos últimos años, habían embarrancado. Simplemente no lograba encontrar el tiempo que necesitaba o era incapaz de soportar la idea de estar sentada sin moverme.

Me di cuenta de que mi trabajo, y más concretamente mi creatividad literaria, estaban resintiéndose debido a la confusión que reinaba en mi cerebro. Ahí estaba yo, tratando de escribir, frustrada y buscando una inspiración que se negaba a aparecer. Así que me dije: «Tú siéntate y medita». Es más, repetí las palabras en voz alta: «¡Tú siéntate!» Y lo hice.

Aquel día pasé unos doce minutos sentada. No es mucho tiempo para mí, pero en ese momento no pude hacer más. Seguí a ese ritmo durante muchos días, hasta que mi situación vital se enderezó y, ya más tranquila, pude reanudar unas prácticas de meditación más prolongadas y profundas.

La razón por la que pude sentarme y volver a meditar cuando me lo propuse fue que tenía una rutina en la que apoyarme. La falta de rutina es uno de los mayores obstáculos para la meditación. Muchas veces, lo que pasa es simplemente que la gente no sabe por dónde empezar. Puede que hayas leído libros y hayas escuchado guías de audio sobre la meditación, pero ahora tienes la cabeza llena de ideas dispersas sobre el modo «correcto» de hacerlo y no sabes qué hacer. Toda esa información puede resultar muy confusa.

Pues bien, la realidad es que no es tan importante el modo de hacerlo como ponerse a ello. Puedes respirar, estirarte o cantar. Eso es lo de menos, mientras escojas algo que te siente bien y que te guste hacer. Lo importante es que crees tu propia rutina previa a la meditación, a la que puedas recurrir siempre que quieras meditar. Es fundamental contar con una rutina porque te proporciona un punto de partida. A veces, la rutina previa a la meditación es lo único que consigo hacer. Me lleva unos seis o siete minutos y, por lo general, me relaja lo bastante como para mantener posteriormente un estado mental receptivo a la meditación.

La clave es hacer algo que te resulte cómodo y fácil, para que al terminar estés en una posición relajada, tanto mental como físicamente.

Primero, busca un lugar para meditar. Escoge un sitio en tu casa donde haya silencio, te sientas relajado y sea poco probable que te interrumpan.

A continuación, escoge una decoración o una serie de elementos simbólicos para ese espacio. Pueden ser velas, incienso, objetos religiosos o un cuadro que te guste especialmente. Yo tengo en una esquina de mi dormitorio una mesita (mi altar) con dos velas, un quemador de incienso y varios objetos que me inspiran paz (una foto de mi hija cuando era niña, varias conchas, un regalo de un amigo...).

Tercero, ponte cómodo. Escoge una postura para sentarte. Recuerda que no es necesario que adoptes la postura del loto en su totalidad para meditar. Ni que te sientes en el suelo. Si eso te funciona, escoge una silla cómoda. Apóyate en una pared, si lo necesitas. Lo esencial es la comodidad. Yo tengo un cojín estupendo exclusivamente para este propósito en el que me siento con las piernas cruzadas por delante, lo que me resulta una postura muy confortable.

Cuarto, escoge un par de maneras de relajarte. Lo que intentas es liberar el estrés y las tensiones que atenazan tu cuerpo y tu mente. Pueden ser unos ejercicios de relajación o unos estiramientos físicos, lo que mejor te vaya a ti. No hace falta que sean muchos, basta con una o dos cosas que te hagan sentir bien.

Yo, por ejemplo, comienzo con estiramientos de la espalda tendido en el suelo antes de sentarme en mi cojín y respirar un rato alternando las fosas nasales: primero me tapo la fosa izquierda y respiro por la derecha, aguanto un poco la respiración, exhalo por la izquierda, respiro por la izquierda, aguanto un rato, exhalo por la derecha y repito la secuencia.

Quinto, una vez que estés en posición cómoda, convoca a alguien a tu lado para que comparta el momento contigo. En función de tus convicciones religiosas puede tratarse de Dios, los ángeles, un poder superior o tal vez un guía espiritual. O, simplemente, puedes dar las gracias al universo por estar presente. ¡Yo convoco a todo el mundo! A Dios, al universo, a mis ángeles y a mis guías animales y espirituales.

Sexto y último, escoge un modo de concentrarte y relajar el cuerpo. Piensa en ello como si fuese un ejercicio de relajación, que comienza por los pies y va subiendo hasta la parte alta de la cabeza. Yo «camino» mentalmente por mis chakras, empezando por el chakra base o raíz, y subiendo luego hasta la coronilla.

La rutina está terminada. A estas alturas deberías sentirte relajado y en calma. En caso contrario, es que debes añadir o cambiar algo, sólo eso. El objetivo de la rutina previa a la meditación es que una vez acabada te sientas tranquilo y centrado. Llegado a ese estado puedes empezar a meditar. Cualquier forma que elijas para ello es válida. Puede ser una palabra, un mantra o un pensamiento que te haga sentir en paz.

Lo importante, pues, es sentarse. Ve a tu espacio de meditación, lleva a cabo tu rutina personal y verás cómo te sientes mucho mejor.

Liz Byrne es escritora, conferenciante y organizadora de eventos. Como fundadora de Vision of One, su misión es llamar la atención de los demás sobre el concepto del uno: **una** sola persona, con **una** sola acción en **un** solo momento puede cambiar su vida y las vidas de los demás.

Tras pasar veinticuatro años trabajando en el ámbito de los servicios financieros e inmobiliarios, cambió de profesión y se embarcó en un viaje de descubrimiento interior. Comprendió que había tres objetivos personales muy sencillos que quería incorporar a todas sus decisiones: primero, hacer todos los días algo que le encantase; segundo, asegurarse de que todas las decisiones que tomara y las cosas nuevas que emprendiese fuesen en beneficio de otra persona o grupo de personas; y tercero, que su trabajo tuviera que ver con la belleza de las artes y el crecimiento personal.

Liz acaba de terminar un libro titulado *Once upon a Time There Was You: Remembering Your Story.* Vive en Nueva York con su hija.

Encontrarás más información sobre la autora y su obra en: www.visiononeonline.com

ACCEDE A TUS ÁNGELES

por Tami Gulland

¿Cuándo fue la última vez que pediste consejo a tus ángeles? Si no ha sido hoy, te estás alejando de uno de los mayores secretos del éxito.

La gente lucha denodadamente cada día por alcanzar el éxito, porque no escucha a sus ángeles ni sigue la guía de lo divino.

Puede que pienses que los ángeles sólo están disponibles en caso de emergencia. Lo cierto es que lo están las veinticuatro horas del día todos los días de la semana, y que les encanta ayudarnos en todos los aspectos de nuestra vida, incluidos nuestras relaciones, carrera profesional, salud e incluso problemas económicos. Sea cual sea tu pasado o historia, tengas o no una confesión religiosa, hay ángeles que te han sido asignados específicamente para protegerte, ayudarte y guiarte. Tus ángeles ya te consideran una persona de éxito y quieren que te sientas como tal.

Los ángeles son mensajeros del amor que trabajan en colaboración con la energía Fuente. La guía de lo divino es la comunicación que recibes de tu

129

Junta Directiva Espiritual o de tu Equipo de Apoyo Divino. Esta comunicación puede adoptar la forma de percepciones espontáneas, sensaciones, conocimientos intuitivos, palabras que oyes, visiones, sincronizaciones y sueños. Tu Equipo de Apoyo Divino puede estar formado por ángeles, guías espirituales (quienes han seguido antes la senda de lo espiritual), santos, maestros y Seres de Luz. La guía de lo divino es la suma de la información y la comunicación que derivan de tales seres celestes.

Cuando no sintonizamos con nuestros ángeles y nuestra guía de lo divino, solemos tomar decisiones que no se corresponden con nuestros valores esenciales. Servimos a los objetivos de otras personas y poco a poco nos va embargando una sensación de insatisfacción por la falta de conexión y sentido de nuestras propias vidas. En pocas palabras: vivimos una mala existencia, aislados dentro de nuestra propia cabeza y teniendo que luchar a brazo partido para que las cosas funcionen. Es algo así como ser el director general de una gran empresa y tratar de hacerlo todo por uno mismo. ¡Qué agotamiento! Esta experiencia se puede manifestar en nosotros haciéndonos sentir abrumados, atrapados y ansiosos. Hasta puede llevarnos a la depresión y, en cualquier caso, le pasará factura a nuestro bienestar emocional, físico y mental. Puede provocar estrés, enfermedades y problemas psíquicos. Y también puede amenazar nuestras relaciones personales más importantes y crearnos problemas laborales. ¡No tenemos por qué cargar con todo este peso nosotros solos!

Cuando sintonizas con tus ángeles y tu guía de lo divino y les prestas atención, accedes a la ruta más directa hacia el éxito. En tales circunstancias, puede suceder que comprendas de repente dónde debes invertir tu tiempo y tus energías, cuáles deben ser los próximos pasos que debes tomar en tus relaciones personales y laborales, y aprendas a hacer acopio de recursos personales para adquirir mayor confianza.

Tus ángeles y tu Equipo Divino tienen acceso a toda la sabiduría del universo. Son capaces de ver las infinitas posibilidades de tu vida, que tú podrías no detectar debido a las limitaciones de tu percepción humana. Y lo mejor de todo es que siempre están listos para ayudarte. Sólo tienes que pedirles consejo y ellos te lo ofrecerán. La clave es eliminar la estática de tus ondas para poder recibirlo.

¿Qué se interpone en la comunicación con nuestros ángeles y nuestra guía de lo divino? Estar sumidos en un proceso constante de movimiento, lucha o huida genera una estática que nos impide sintonizar con nuestros ángeles. Cuando estamos reaccionando constantemente al mundo que nos rodea, lo habitual es que nos dispersemos. Obtenemos resultados descentrados, desarraigados, y necesitamos demasiada energía para conseguir mucho menos que cuando estamos conectados y receptivos a la guía de lo divino. La adhesión a las cosas, el ego, los miedos, las creencias y la necesidad de control también generan estática y nos impiden recibir esta guía superior.

¿Cómo puedes saber que estás generando estática en las ondas y eso te impide ponerte en contacto con tus ángeles?

- Te sientes atrapado y buscas respuestas a ciegas o tomas decisiones que tu intuición te dice que son equivocadas.

- Eres presa de la indecisión, del miedo a cometer errores, y te obsesionas con las distintas posibilidades y con todas las cosas que podrían salir mal.

Cuando sientas que estás sumido en una de estas situaciones es que ha llegado la hora de despejar el camino hacia la guía de lo divino. En lugar de embarrancar, avanza por la senda más sencilla y recta hacia el éxito: recurrir a la ayuda de tus ángeles y tu Equipo Divino.

Puedes empezar hoy mismo con cinco sencillos pasos.

1. **Párate y respira.** Inspira lentamente por la boca, contén la respiración durante uno o dos segundos y luego suéltala con un suspiro. Respira de este modo dos o tres veces a lo largo del día. Esto te ayudará a escapar del frenesí existencial y a entrar en contacto con más facilidad con tus ángeles y con la guía de lo divino. Y también generará un espacio en el que podrás recibir las respuestas de tus ángeles.

2. **Concentra tu consciencia en el centro de tu pecho.** Imagina que estás respirando desde el centro de la caja torácica y que, con cada inhalación, se te abre el corazón. Piensa en un recuerdo feliz, en algo que te ilusione o en alguien a quien quieras. El aprecio te ayuda a alinearte con la energía transparente y pura de tus ángeles y a ser más receptivo a sus mensajes.

3. **Pide ayuda.** Desde este espacio, formula a tus ángeles tu pregunta o pídeles el consejo que necesites.

4. **Déjate ir y recibe.** Debes ser consciente de que la respuesta puede venir de manera inmediata, pero si no es así, no te preocupes, ya llegará. Mantén una actitud curiosa, abierta y receptiva. Permanece atento a las intuiciones, sensaciones y sincronizaciones que puedan aparecer en tu vida.

5. **Da gracias.** Agradece a tus ángeles y a la guía de lo divino su amor, su apoyo y sus consejos.

Tami Gulland ayuda a mujeres trabajadoras de orientación espiritual a acceder a sus ángeles y a la guía de lo divino para que, a través de sus respuestas, puedan sobreponerse cuando se sientan atrapadas, desconectadas, abrumadas y agotadas. Su objetivo es que aprendan a utilizar un sistema de apoyo que está a su disposición de manera permanente, para que puedan tener la mente clara y se sientan llenas de energía, apoyadas y espiritualmente conectadas, tanto en el trabajo como en la vida cotidiana. Tami, además de experta en terapia por medio de los ángeles, es médium titulada y Guía Angélica para el Éxito.

Encontrarás más información sobre la autora y su obra en: www.angelsforsuccess.com

SÉ FELIZ Y EL ÉXITO
VENDRÁ SOLO

por Susan McMillin

La idea de que el éxito llega primero y luego lo sigue la felicidad es un error que viene de antiguo. Recientes investigaciones han demostrado que es justo al revés. Cuando empezamos por practicar la felicidad, el éxito viene detrás.

Me encanta el modo en que la doctora Barbara Fredrickson, directora del Laboratorio de emociones positivas y psicofisiología,[1] describe la esencia de la felicidad y cómo practicarla: «Llevas dentro el combustible que necesitas para prosperar y medrar, y dejar este mundo mejor que como te lo encontraste.» Después continúa diciendo que aprovechamos este combustible cuando nos sentimos electrizados por nuevas ideas, en sintonía con lo que nos rodea, con ganas de jugar, creativos, conectados, amados o conmovidos por la belleza. Cuando sentimos emociones positivas, alimentamos nuestra capacidad de alcanzar el éxito. Practicamos la felicidad siempre que alimentamos deliberadamente nuestras emociones positivas sonriendo, viendo la parte buena de algo o alguien o dando gracias por lo que tenemos.

El vínculo evolutivo entre la supervivencia y las emociones está sobradamente documentado. La conocida respuesta de «lucha o huida» se activa cuando experimentamos emociones negativas, como la cólera o el miedo. Estas emociones señalan la presencia de peligros y nuestro cuerpo se prepara para responder al él de la mejor manera posible. Genera adrenalina, cortisol y otras hormonas que nos ayudan a centrarnos en la supervivencia, nos preparan para realizar grandes esfuerzos y desactivan funciones no esenciales, como la curación o el crecimiento.

Sin embargo, lo que mucha gente no entiende es que las emociones positivas actúan sobre el cuerpo de manera muy similar: liberando hormonas que modifican nuestra respuesta ante el mundo desde el punto de vista físico. Las emociones positivas generan endorfinas, oxitocina y otras hormonas que amplían nuestra concentración y optimizan nuestro cuerpo para tareas tales como el crecimiento, el placer y la interacción con otras personas. Las endorfinas nos ayudan a sentirnos bien, nos brindan placer y normalizan nuestra frecuencia cardiaca y nuestra respiración. Nuestra capacidad de concentración se amplía para que podamos percibir un porcentaje mayor del entorno, y de este modo aumenta nuestra propensión a captar las cosas agradables y positivas.

Además de ampliar nuestra concentración, las emociones positivas nos preparan para trabajar con los demás. A la oxitocina se la suele llamar la hormona de los lazos emocionales, porque está muy presente en los niños y sus madres durante el proceso de la lactancia. Sin embargo, también está presente en los adultos durante las interacciones estrechas con los demás. Cuando los niveles de oxitocina son elevados, la gente forja vínculos que los ayudan a trabajar en cooperación, incluso en situaciones difíciles. Esto permitió a nuestros antepasados cazar juntos, construir asentamientos, aprender a cultivar y crear culturas más avanzadas.

Del mismo modo que las emociones negativas señalan la presencia de peligros y encuentros de desenlace incierto (situaciones de victoria-derrota), las positivas indican beneficios y encuentros con desenlaces ventajosos asegurados. Cuando nuestro estado emocional predominante es positivo, la fisiología amplía nuestra concentración, y de este modo las probabilidades de que detectemos cosas por las que nos sintamos atraídos aumentan.

Además de las hormonas, también podemos usar los pensamientos para mejorar nuestro estado de ánimo. Nuestro cerebro recibe gran cantidad de información sensorial, mucha más de la que puede procesar de una vez. Cuando centramos nuestra atención, como ocurre en situaciones de estrés, vemos una cosa con enorme detalle, pero sólo ésa. Cuando ampliamos nuestra concentración, vemos muchas más cosas, aunque tendemos a captarlas con menor detalle, como en un cuadro impresionista. Nuestro cerebro rellena los huecos que quedan con lo que espera ver. Y si lo que esperamos contemplar es el éxito, normalmente es lo que veremos. La existencia de este poderoso fenómeno, conocido a menudo como «efecto Pigmalión», se ha constatado con frecuencia. Como dijo en una ocasión el gran empresario estadounidense Henry Ford: «Tanto si crees que puedes hacer una cosa como si crees que no, tendrás razón.»

Pero no es sólo que nuestras expectativas positivas incidan en nuestras percepciones, sino que las emociones positivas tienen más probabilidades de propagarse a los demás. Un estudio sobre entornos sociales demuestra que si un amigo está de buen humor, tenemos un 34 por ciento más de probabilidades de sentirnos felices.[2] Según este estudio, las emociones negativas se propagan más despacio. Así que cuando pensamos de manera positiva e influimos de este modo en los demás, también estamos mejorando nuestro entorno. Es más fácil ser feliz cuando estás rodeado de gente feliz. Y un grupo feliz es un grupo más pacífico y productivo.

Diversos estudios han demostrado la conexión que existe entre felicidad y aumento del éxito. En uno de ellos, un grupo de médicos redujo en un 25 por ciento el tiempo que tardaba en realizar un diagnóstico tras recibir inesperadamente una piruleta de regalo.[3] Y no es sólo que esta inyección de emociones positivas los ayudara a realizar su trabajo más de prisa, sino que los médicos felices acertaron más con los diagnósticos que aquellos que no habían recibido el regalo. Los estudiantes de instituto y preescolar a los que se indujo un estado de felicidad mejoraron también su velocidad y creatividad a la hora de resolver problemas. ¿Qué hizo falta para obtener estos resultados? Tanto los médicos como los alumnos del colegio recibieron un regalo pequeño, casi insignificante, como una piruleta o una moneda de escaso valor. En el caso de los preescolares, sólo tuvo que pasar un momento para que se acordaran de que habían estado jugando o riendo instantes antes. En menos de un minuto, los tres grupos aumentaron su estado de felicidad lo bastante como para aumentar su rendimiento en una prueba de manera significativa. ¡Imagina cómo podría mejorar tu rendimiento si dedicaras los minutos previos a una cuestión de trabajo, reunión con tu jefe o conversación con tu hijo adolescente pensando en el momento en que estuviste dando saltos sólo para divertirte!

La idea aceptada por la mayoría es que el éxito genera felicidad. Creemos equivocadamente que debemos sacrificar nuestra felicidad presente para alcanzar el éxito. Pero actuando así, o no alcanzamos nuestro objetivo o, una vez alcanzado, no nos resulta satisfactorio. Las últimas investigaciones en este campo demuestran que nuestros cuerpos y nuestras mentes han evolucionado en sentido contrario. Cuanto más felices somos, mejor hacemos todo lo que intentamos. Y la felicidad es algo que se puede obtener practicando a diario. Cuanto más practiquemos, más felices seremos y más éxito tendremos. Si perseguimos la felicidad por medio del éxito, nos esquivará. Pero cuando nos aplicamos con regularidad a la tarea de ser felices y nos tomamos la felicidad como una parte muy importante de nuestras carreras y de nuestra satisfacción como seres humanos, el éxito está garantizado.

Susan McMillin era una ingeniera especializada en alta tecnología y directora de proyectos que decidió explorar la posibilidad de que la felicidad fuese un catalizador para aumentar la productividad... y descubrió que funcionaba. Cuanto más feliz era, más productiva se volvía y más éxito tenía.

Ahora se dedica a investigar la felicidad y a difundirla por medio de la instrucción, la enseñanza y la escritura. También imparte conferencias sobre felicidad y enseña métodos para ser más felices en el trabajo, en el ocio y en la vida. Además, es editora de la página web www. HappyLifeU.com.

RECUERDA,
SIEMPRE TIENES ELECCIÓN

por Debra L. Hanes

Una de las cosas más importantes que podemos llegar a comprender en nuestra vida es que, por muy difícil que parezca una situación, siempre tenemos elección. Podemos reaccionar de manera inconsciente o responder basándonos en el corazón. La diferencia en este último caso es que optamos por ser conscientes de todo lo que estamos pensando, diciendo o haciendo en un momento determinado y aceptamos la responsabilidad por la parte que nos corresponde en la situación. Con la primera opción, por definición, somos inconscientes de nuestros actos y a menudo culpamos a otras personas o circunstancias. ¿Cómo podemos pasar de reaccionar inconscientemente a responder conscientemente de la manera que nos dicta nuestro corazón?

Para dar el salto primero debemos preguntarnos: «¿Cómo quiero ser en esta vida? ¿Cómo deseo ser en mis relaciones?» Y para responder a esto tenemos que centrarnos en nosotros mismos respirando profundamente varias veces y concentrarnos en nuestro propio corazón. La respuesta que surja en este estado contendrá la verdad que buscamos, sea cual sea la situación a la que nos enfrentamos. Esta respuesta podría ser, por ejemplo: «Quiero estar en paz y afrontar con calma lo que me pase.» Esto no quiere decir no sentir emociones. No se trata de negar o reprimir lo que sientes o piensas. Significa que deseas que la paz y la calma dirijan tus respuestas a las situaciones que se te presenten en la vida. Esto te ayudará a recordar que siempre tienes elección, aunque no lo parezca.

Saber que tenemos elección en todas las situaciones vitales que se presenten es algo liberador, pero también aterrador. Significa que debemos aceptar plena responsabilidad por las consecuencias de todas nuestras decisiones, y a veces esa decisión es la inacción (a menudo la más difícil de tomar).

Si vas a hacer cambios en tu vida para mejorar tus relaciones y tu manera de responder a las situaciones difíciles, tendrás que comprometerte de verdad a ser plenamente consciente en todo momento. En nuestros días, esto resulta muy complicado para la mayoría de nosotros debido a la gran cantidad de convenientes distracciones que nos rodean. Sin embargo, si queremos mejorar nuestra calidad de vida, es crucial centrarse más en el corazón y volvernos más responsables con respecto a nuestras decisiones.

Una vez que has decidido cómo deseas ser y te comprometes a cambiar, lo siguiente es desarrollar la manera de no caer en la reacción. Aquí es cuando cobra especial importancia el capítulo de la consciencia. En mi caso, cuando siento el deseo de reaccionar en un área donde me gustaría cambiar, hago aparecer una señal de «¡Alto!» virtual en mi cabeza.

Un ejemplo de esto se produjo cuando estaba criando a mi hija. Tenía tres años y llevaba un vasito de leche en la mano, y se le cayó al suelo. Mi madre era una mujer de fuerte temperamento, y de haber sido yo la que tirara la leche, se habría enfadado y su respuesta hubiera sido reprenderme por mi torpeza. Yo había tomado la determinación de no comportarme del mismo modo con mi hija. Cuando se le cayó la leche, sentí el impulso de reaccionar del mismo modo que mi madre. Pero no era lo correcto, y la señal de ¡Alto! virtual apareció en mi mente acompañada por las palabras: «No te portes como mamá.» Respiré hondo varias veces y me dije: «Sólo tiene tres años.» Mi estado de ánimo cambió rápidamente, y en lugar de ponerme a gritarle a mi hija le recordé que tenía que tener más cuidado. Luego le enseñé a limpiar lo que se había caído. No hubo gritos ni lágrimas y mi hija aprendió que hay que tener cuidado cuando se lleva un vaso con líquido.

A la gente se le caen las cosas y no pasa nada. Lo

único que hay que hacer es limpiarlo. Sabía que si podía responder del mismo modo durante su infancia, conseguiría que no tuviera que sentirse como me había sentido yo a su edad. De este modo estaba rompiendo un patrón de comportamiento y, con un poco de suerte, la enseñaría a responder del mismo modo cuando llegara el momento.

Los hábitos no son siempre fáciles de cambiar. Como he mencionado antes, hace falta compromiso y esfuerzo, al menos en un primer momento. Si comienzas por un cambio pequeño y luego sigues con situaciones más complejas, cada vez se hace más fácil pasar de la reacción a la respuesta. Una clienta mía estaba experimentando dificultades en su matrimonio, su familia y su trabajo. Le costaba cambiar el chip mental cuando llegaba a casa después de salir de la oficina. Pasaba mucho tiempo en el coche, al teléfono por razones laborales o llevando a sus hijos a la escuela y a diferentes actividades. Se sentía cada vez más agotada y abrumada. Así que le pregunté: «¿Cómo quieres responder a todos esos problemas?» No era una pregunta fácil para ella, porque nunca había pensado que pudiese cambiar las cosas concentrándose en ella misma. Me dijo que deseaba sentirse más segura y menos presionada por las cuestiones laborales y familiares y disfrutar más de la vida.

Luego le pedí que intentara ser consciente de los

momentos en los que sentía agotada y abrumada. Cuando fuese así, tenía que reorganizar sus sentimientos y concederse un momento para respirar hondo varias veces. Le dije que si estaba en el coche y se detenía en un semáforo, podía aprovechar aquel momento para respirar y recordarse a sí misma «cómo deseo ser». Entonces, desde este espacio del «ser presente», debía preguntarse: «Si pudiera elegir, ¿cuál sería la mejor respuesta que podría tener en este momento?» A veces sería aparcar y devolver una llamada telefónica. Pero en general, y esto es algo que aprendió en aquel momento, sería dejar pasar un tiempo hasta estar en mejor situación para responder a ella.

Tras varias semanas haciendo esto, parando cuando era necesario, siendo más consciente y recordando que siempre tenía elección a la hora de responder a una situación, su vida cambió de manera drástica. Poco a poco comenzó a comprender las mecánicas que le eran útiles, las cosas que la ayudaban a mantener la calma en cualquier situación. La mayoría de las dificultades no desaparecieron, pero su manera de responder a ellas cambió. En muchos casos, la gente que la rodeaba empezó también a alterar su manera de actuar cuando se daba una situación complicada, porque estaban captando este nuevo sentido de tranquilidad y felicidad que irradiaba mi amiga. Sus relaciones mejoraron. Las situaciones en las que era incapaz de adaptar su respuesta dejaron de abrumarla como hasta entonces, porque ahora podía verlas con una perspectiva distinta.

En las experiencias de nuestra vida, nos encontramos con toda clase de dificultades. Algunos días puede parecer que nos bombardean. Sin embargo, siempre tenemos elección a la hora de responder. Si seguimos reaccionando como antes y esperamos que las cosas cambien por sí solas, sólo cosecharemos una decepción tras otra.

Cuando estamos en un estado mental inconsciente, esperamos que sea el otro el que cambie, y por tanto lo vemos como el problema. Pero lo cierto es que el cambio sólo puede venir de nuestro interior. Así que al cambiar de una reacción inconsciente a una respuesta consciente centrada en el corazón, coherente con el tipo de persona que querríamos ser, transformaremos nuestras relaciones y experiencias, y con ellas nuestra vida. Sacaremos lo mejor de nosotros mismos.

Debra L. Hanes es instructora profesional titulada y teóloga holística. Sus muchos años de experiencias y observaciones personales le han permitido aportar una perspectiva única a sus prácticas de instrucción, con las que intenta enseñar a sus clientes a vivir con mayor autenticidad. También dirige un grupo de meditación semanal y un grupo literario mensual llamado Spirituality Discussed.

Encontrarás más información sobre las sesiones de instrucción de Debra en: www.thepathwaysforward.com

LOS HOGARES SON COMO NOSOTROS..., RESPONDEN BIEN AL CARIÑO

por Stephanie Bennett Vogt

> «¿Cómo podemos entonces "llegar a casa" espiritualmente y morar allí? En mi propia vida no he encontrado mejor modo que valorar y paladear lo que de sagrado tiene la vida cotidiana, solazarse en la repetición, ese ritmo pausado de la existencia que cura y templa. Para mí cada vez cobra más importancia el deseo de "estar en el sitio", entrar en una conexión profunda con los objetos y acciones del día a día y dejar que entren en comunión conmigo. Es una forma de conocer y ser conocida... de renunciar al aislamiento participando en las experiencias cuando éstas suceden.»
>
> Gunilla Norris, *Being Home*

Cuando leí el prefacio de un maravilloso librito llamado *Being Home*, de Gunilla Norris, me di cuenta de que lo mucho que me gusta realizar las repetitivas tareas domésticas, como lavar los platos y guardar las mismas cosas en los mismos sitios todos los días, no significaba sólo que fuese un caso perdido de obsesiva-compulsiva, como siempre había creído (y mi familia acostumbra a afirmar cuando quieren tomarme el pelo).

Recoger la casa es mi manera de centrarme. Es algo que me pone en contacto con un lugar apacible de mi interior. Doblar la ropa, barrer el suelo, recoger el salón antes de irme a la cama o colgar la colada en los días soleados y calurosos (y oler su fresco aroma al descolgarla) son para mí maneras de tranquilizarme y acallar el bullicio de la mente. Lo ordinario, lo que Norris llama «la extraordinaria belleza de lo cotidiano», me apacigua y me nutre.

Sea cual sea la tarea —ahuecar las almohadas, o recoger tazas y platos sucios o apagar todas las luces antes de irme a dormir— cuando la llevo a cabo con atención plena siempre me siento más feliz, más en calma, más liviana y más libre. Y también he descubierto que mi hogar responde a todo esto, de alguna manera, a través de mí.

Como persona que lleva muchos años dedicándose profesionalmente a purificar espacios, he llegado a ser consciente, de una manera íntima e intensa, de la interconexión que existe entre los seres humanos y sus hogares; cómo responden a nuestra atención (o a la falta de ella) los espacios que ocupamos y cómo ellos, por su parte, nos reflejan a nosotros, nos afectan, nos apoyan (y nos oprimen). Nuestras casas no son sólo esas grandes cajas vacías que rellenamos con las cosas que coleccionamos, nuestras experiencias vitales y nuestras personalidades únicas. Al ver el modo en que las culturas occidentales cosifican a sus moradas y sus posesiones, me doy cuenta de que la mayoría de la gente no comprende ni por asomo lo vivos que están en realidad nuestros espacios vitales.

Es nuestra segunda piel. Nuestras casas y nuestros espacios de trabajo son extensiones de nosotros mismos. Por las puertas y pasillos puede circular la energía (el *chi*) o puede no hacerlo, dependiendo de lo abarrotados, congestionados y repletos que estén. Al igual que la gente, se estresan, se desequilibran e incluso pueden caer enfermos. Respiran expandiéndose y contrayéndose. Los afecta el suelo sobre el que descansan, las propiedades vecinas, sus contenidos físicos, las emociones de sus ocupantes y sí, incluso los residuos de los recuerdos felices o dolorosos de sus residentes anteriores. Los hogares florecen cuando los alimentamos y cuidamos como es debido. Al igual que la gente, responden bien al cariño.

Una vez tuve que purificar un espacio para una clienta que acababa de divorciarse tras muchos años de matrimonio. Se había mudado a un caserón rural levantado en 1875 en Nueva Inglaterra y quería que la casa constituyese unos cimientos sólidos a este nuevo comienzo de su vida. Me pidió que eliminase cualquier energía residual que pudiera afectarla de manera negativa, tanto en la propiedad como en el mobiliario que había comprado en Craigslist, por si conservaba vestigios energéticos de sus propietarios anteriores.

Y sí, al acercarme a su cama «nueva», capté una oleada de lágrimas, contracciones y respiraciones entrecortadas, así como un pequeño ataque de náuseas procedente del lado de la cama en el que ella no dormía (y subconscientemente esquivaba). Como sabía que aquella «emisión de gases» emocional no era mía, pude devolverle el equilibrio a la cama con sólo ser consciente de las sensaciones físicas (algunas de ellas desagradables) que experimentaba y no identificarlas como propias. Tres minutos más tarde, la cama volvía a estar limpia y resplandeciente. Tres meses después de nuestra sesión, mi clienta parloteaba con desbordante entusiasmo sobre el hombre maravilloso al que acababa de conocer. En menos de un año había perdido quince kilos, estaba enamorada y vivía un sueño.

Muchas veces digo a mis clientes y pupilos que la purificación de los espacios consiste en «llenarlos con nuestro amor». Podemos devolver el equilibrio a nuestras posesiones y a nuestros pensamientos, a nuestros seres queridos y a nuestros espacios vitales con sólo ser testigos compasivos de su presencia. Podéis haceros una idea de lo que quiero decir con sólo mirar a una madre que abraza a su hijo desconsolado sin condiciones, sin objetivos, sin necesidad de arreglar o hacer nada. Cuando el niño se marcha, se siente mejor simplemente porque su madre ha abierto un espacio para él. Y de modo similar, un simple acto de atención y cuidado, si se realiza con atención plena, puede obrar maravillas para cambiar el equilibrio espiritual de un espacio.

Podéis practicarlo vosotros mismos haciendo algo en vuestra casa que os haga sentir bien. Las energías positivas que emitáis se propagarán a todas las áreas de la casa y de vuestra vida. Si os gusta cocinar, por ejemplo, preparad algo que os encante, un plato cuyas fragancias perduren en el ambiente durante algún tiempo. Si os gusta bailar o escuchar música, subid el volumen y menead el esqueleto al menos una vez al día... por ejemplo, mientras estáis cocinando o lavando los platos.

Dad palmas, haced ruido, tocad una campana o cantad a todo pulmón para que se muevan las energías. Barred el porche de casa. Limpiad un cajón o moved las cosas que tenéis amontonadas sobre la mesa a otra esquina de la misma mesa. Todos los días.

Cambiad la ropa de cama. Daos un baño o una ducha de sales. Acurrucaos entre las sábanas limpias mientras exhaláis un suspiro audible. Reformulad un pensamiento negativo con una alternativa positiva. «Otra vez llego tarde» podría convertirse en «¡He llegado a tiempo, lo he conseguido!», por ejemplo. Reíos en voz alta. Y si no podéis sentiros bien en un momento determinado, simplemente aceptadlo, sin tratar de arreglar o cambiar nada. Si sintonizáis y escucháis con atención, puede que os deis cuenta de que vuestra casa está tarareando al mismo tiempo que vosotros.

STEPHANIE BENNETT VOGT es una de las principales expertas mundiales en purificación de espacios, así como la autora de la galardonada obra *Your Spacious Self: Clear Your Clutter and Discover Who You Are.* Aporta sus treinta y cinco años de experiencia a SpaceClear, una consulta fundada en 1996 con el objeto de ayudar a las casas y sus moradores a recuperar el equilibrio espiritual. Stephanie se dedica a enseñar en la escuela de *feng shui* de Nueva Inglaterra y en el Kripalu Center, así como a escribir e impartir conferencias por todo el mundo sobre purificación personal, sencillez vital y una actitud que ella define como «desprendimiento espacioso».

Encontrarás más información sobre la autora y sus inspiradores programas de purificación en: www.spaceclear.com

TÓMATE UN AÑO SABÁTICO EN FAMILIA

por Lisa Merrai Labon

«La prueba del éxito es la dicha.»

Abraham Hicks

Estaba sentada en un auditorio lleno de padres educados, impecablemente vestidos y responsables, uno de los cuales estaba explicando a los demás por qué el 80 por ciento de los estudiantes de sobresaliente hace trampas para mantener el nivel de sus calificaciones. Denise Pope, fundadora de Challenge Success, un proyecto pedagógico de Stanford, preguntó a su audiencia lo que quería para sus hijos. Salud, educación, felicidad... Todos asentimos en señal de aprobación. Sí, sí, sí.

«Y sin embargo» —dijo antes de hacer una pausa dramática— «cuando les preguntamos a los estudiantes lo que sus padres quieren de ellos, ¿qué creen que responden?»

Nos rascamos la cabeza y miramos a nuestro alrededor, por si alguno de nuestros brillantes compañeros de auditorio tenía la respuesta. Yo me imaginé a mi hija mayor, con las manos en las caderas, imitando mi voz: «Limpia tu cuarto, cepíllate el pelo, cómete las verduras.»

Pope continuó: «Dicen que sus padres quieren que saquen sobresalientes para luego ir a los mejores colegios y universidades. Y que consigan un buen trabajo para poder comprarse una casa grande y un coche de lujo.»

Ahí estaba. Una verdad tan mundana y obvia como el caos que escondemos en los armarios o las señales de stop que nos saltamos. Nuestros valores, al igual que nuestras leyes, se ven socavados constantemente por la realidad de nuestra forma de vivir. Ninguno de los presentes en el auditorio se atrevió a responder nada a aquello.

Los niños aprenden lo que viven, y nosotros estamos enseñando a nuestros hijos que lo único que importa realmente es tener dinero y comprar cosas. Les mostramos nuestra codicia con una economía basada en el consumo e infinitamente destructiva. Les mostramos nuestra ignorancia al destruir los ecosistemas salvajes. Les mostramos nuestra crueldad al aprobar el uso de sustancias químicas tóxicas y la incesante guerra que nos enfrenta a otros colectivos y culturas.

La familia se considera el espacio principal en el que se enseñan y comparten valores, pero el «tiempo pasado en familia» es casi inexistente en muchos hogares. Una familia norteamericana media ve treinta y seis horas de televisión a la semana (por persona) y raras veces come con todos sus miembros presentes. De los ocho a los dieciocho años, los niños pasan más de siete horas y media al día frente a un aparato con una pantalla. Los padres y sus hijos están atrapados en una extraña prisión tecnológica disfrazada de progreso.

Aquella tarde, mi marido y yo abandonamos la conferencia en un estado de gran inquietud. Tenía que haber un modo mejor de vivir, un modo mejor de transmitir nuestros valores a los niños. Queríamos que tomaran mejores decisiones que nosotros. Queríamos que escucharan sus deseos más profundos, trataran de utilizar sus talentos y habilidades y no se apartaran del camino que se hubieran trazado por una cuestión de competitividad o para buscar un sueldo mejor. Sabíamos que se nos estaba acabando el tiempo, porque nuestro hijo mayor entraría en la escuela superior al cabo de un par de años y luego se marcharía a la universidad en menos que canta un gallo.

En 2008, nuestra familia decidió tomarse un año sabático. No teníamos un plan concreto, lo que resultaba al mismo tiempo muy emocionante y un poco aterrador. Mi marido renunció a una larga carrera como inversor. Dejamos nuestros codiciados colegios privados. Vendimos nuestra casa de

Pacific Heights en el mismo momento en que se iniciaba el desplome del mercado inmobiliario. Vendimos o regalamos la mitad de las cosas que contenía nuestra casa y le dijimos adiós a la absurda carrera del día a día.

Comencé a escribir un blog llamado «Life on Purpose» para documentar nuestros viajes y los desafíos con los que nos íbamos encontrando por el camino. La decisión de encargarnos nosotros mismos de la educación de nuestros hijos nos permitió vivir en una pequeña aldea pesquera de Sayulita, México, así como probar la vida alpina en Aspen, Colorado. Durante el resto del año exploramos las zonas del noroeste del Pacífico. Escribí sobre los momentos buenos y los momentos malos, sin saber nunca dónde terminaríamos.

El objetivo principal de este recorrido de exploración era encontrar la felicidad: en nosotros mismos, en los demás y en la vida. Como mínimo, queríamos rebelarnos contra lo que habíamos oído en aquella conferencia, sin que nos importara adonde nos llevaba eso. Pensamos mucho en cómo podíamos hacer más fuerte a nuestra familia mediante experiencias compartidas, una alimentación más saludable, cultivando nuestra propia comida y tratando de encontrar una comunidad de gente de espíritu similar.

Nuestro año de aventuras no estuvo exento de problemas y estrés. Nuestros hijos no estaban acostumbrados a tener a sus dos padres pendientes de ellos las veinticuatro horas del día. Tuvimos que establecer normas muy serias y acostumbrarnos a vivir en un espacio más reducido. Viajar con niños pequeños no es fácil, pero educarlos en casa es maravilloso, siempre que tengan espíritu de cooperación y cuentes con apoyo local. Algunas comunidades se mostraron más acogedoras que otras. Y, desde luego, viajar es caro. A mí me habría gustado continuar con la aventura durante varios años y tal vez recorrer Australia y Europa, pero no tardé en darme cuenta de que los niños y yo necesitábamos echar raíces en alguna parte. Así que emprendimos el proyecto de «encontrar un nuevo hogar».

Tras meses buscando información y hablando de ello frente a deliciosas comidas preparadas por nosotros mismos, encontramos el hogar que buscábamos en Park City, Utah. Es una combinación perfecta de comunidad, opciones educativas, actividades al aire libre y sol. Pero nunca habríamos encontrado esta vida nueva y maravillosa sin correr unos cuantos riesgos y romper con nuestras viejas rutinas.

He aquí algunos consejos para tomaros vuestro propio año sabático en familia:

1. Comenzad un plan de ahorro y planificad la aventura. Hay muchas formas de hacerlo. Podéis optar por la que más os guste, de una aventura en una casa rodante a un viaje alrededor del mundo.

Comprobaréis que las posibilidades son infinitas. Sé de familias que han viajado en bicicleta de Alaska a Argentina o se han pasado diez años navegando por el Caribe. Pero sea cual sea la opción elegida, sed ambiciosos. Debéis romper los límites de la comodidad cotidiana.

2. Viajad ligeros de equipaje. Vended vuestras cosas. Quedaos sólo con lo que realmente necesitéis. Nosotros en México no teníamos más que una mochila cada uno, y fue más que suficiente. Libraos de los televisores, los juguetes, los muebles del abuelo y los libros (esto fue especialmente difícil para mí). Cuantas menos cosas debáis guardar y menos preocupaciones logísticas tengáis, más dinero y libertad os quedará para vuestras aventuras.

3. Replanteaos vuestra vida laboral. Cualquier opción es válida: dejar el trabajo, compartirlo, trabajar desde lejos o iniciar una nueva carrera. Si necesitáis consejos para obtener ingresos pasivos o para automatizar vuestras actividades profesionales, os recomiendo el libro de Tim Ferriss *The 4-Hour Work Week*. También encontraréis miles de buenas ideas en LocationIndependent.com.

4. ¡Los niños son muy resilientes! He oído decir a muchos padres «Oh, mis hijos nunca querrían dejar la escuela y a sus amigos.» No uséis a los niños como excusa. Los viajes y las experiencias en familia son un regalo vital de valor incalculable que sólo vosotros podéis hacerles. Un conocimiento más amplio del mundo y de sus distintas realidades culturales es posiblemente una de las mejores experiencias que les podéis llegar a ofrecer.

5. Ventajas educativas. La educación en casa es una educación hecha a medida. Si a esto le sumáis la experiencia de los viajes, vuestros hijos serán unos privilegiados desde el punto de vista pedagógico. Además, en todos los estados y países hay centenares de cooperativas educativas, escuelas públicas experimentales y grupos de educación en casa. Hay incluso consejeros en estas materias que os ayudarán a elegir los mejores programas educativos. Descansad tranquilos. Estaréis dando a vuestros hijos una oportunidad fabulosa.

Un año sabático en familia puede iluminaros, inspiraros y motivaros con cambios profundos y muchas veces sorprendentes en vuestras vidas. Es una experiencia salvaje, desordenada y aterradora, pero también despoja la vida de todas las distracciones y el ruido de la modernidad, y de este modo nos permite disfrutar de la abundante alegría que el mundo pone siempre a nuestra disposición, estemos donde estemos. Sea un viaje de un mes o de muchos años, por el camino descubriréis una renovada definición del éxito y unos lazos duraderos que serán mucho más útiles a vuestros hijos que las notas de cualquier examen o sus iPods.

Lisa Merrai Labon es una apasionada defensora de las comunidades locales y de la Tierra como un todo. Como escritora, Lisa ha invitado a sus lectores a abrazar sus propias vidas con intención consciente mediante la exploración de los valores comunitarios y las conexiones espirituales en áreas como la salud y la educación. Vive con su familia en Park City, Utah, donde está trabajando en su primera novela.

Encontrarás más información sobre la autora y su obra en: about.me/lisamerrailabon

REDEFINIENDO EL GRAN RITUAL ESTADOUNIDENSE

por Patricia Cohen

Nosotros, el pueblo, nos hemos reunido en esta gran tierra de libertad, una tierra que nos concede la oportunidad de vivir conforme a nuestros propios deseos. Aquí somos todos ciudadanos, por nuestra propia voluntad o por la sabia decisión de nuestros antepasados. No importa que emigráramos, que nos trajeran, que naciéramos aquí o que fuésemos nativos de esta tierra antes de la llegada de Colón, todos formamos parte del pasado y del futuro de estos Estados Unidos. Somos un mismo pueblo bajo la mirada de Dios, indivisible.

Allá de donde procediera nuestra familia había una cultura milenaria. A menudo, este gran tesoro formado por nuestra herencia, nuestras tradiciones, nuestras redes sociales o nuestras estructuras familiares ha quedado atrás, ha cambiado con el paso del tiempo o ha acabado por perderse. Y con él la idea de que la vida y la tierra en la que vivimos son sagradas.

Como éste es un país formado por gente y por culturas de todas partes del mundo, nos gusta decir que somos «un crisol». Pero en este crisol se ha formado un país sin prácticas formales uniformes para glorificar el crecimiento y todo lo que es sagrado.

Casi todas las culturas de las que procedemos tenían tradiciones o ritos de transición que simbolizaban la transformación del individuo y reforzaban su estatus en la familia y en la comunidad. Ahora lo que nos hace falta es redescubrir esas experiencias tan plenas de significado y de expectativas, que pueden otorgarnos el poder de ser parte de una comunidad mayor y que nos recuerdan que la vida es sagrada.

Los rituales, las ceremonias y los ritos de transición pueden unirnos mucho más a nuestras familias y vecinos que el mero hecho de compartir una bandera.

Es curioso que aún no tengamos una costumbre puramente «estadounidense» que nos englobe a todos dentro del crisol y sirva como rito definitorio de transición, ¿verdad? Una costumbre así propiciaría un saludable crecimiento de todos nosotros, independientemente de nuestra edad, y fortalecería y uniría más aún la heterogénea familia que formamos entre todos.

Pero creo que el gran ritual de transición estadounidense ha estado justo delante de nuestras narices todo este tiempo: la celebración de los cumpleaños.

Las fiestas de cumpleaños no significan sólo un lazo entre los individuos, las familias y las comunidades, sino que también expresan el desarrollo del individuo, la transformación del niño en adolescente y de adolescente en adulto. Todos necesitamos saber que nuestra contribución a la familia y a la comunidad se valora, y la fiesta de cumpleaños es el momento perfecto para que nos lo demuestren.

La familia contribuye a dar forma al ser de un niño a medida que crece. Los niños, al nacer, son prácticamente *tabulas rasas*. Un bebé puede tener dotes innatas que se podrán desarrollar, pero no puede saber cuáles son las normas de la familia y el hogar, cómo progresar en el colegio, como convertirse en una parte funcional de la comunidad e incluso cómo cuidarse solo. Éstas son habilidades que aprende en la familia a medida que crece. Sus cumpleaños marcan momentos en los que el niño recibe nuevas libertades y responsabilidades.

Celebrar el paso a la edad adulta mediante fiestas de cumpleaños es igual de importante que cuando éramos niños. Cuando un miembro de la familia se convierte en adulto, sabe cuáles son sus responsabilidades. A los miembros de la familia de mayor edad se les muestra honor y respeto en este día especial. Todas estas cosas forman parte del recuento anual de los años que marcan los hitos que uno ha alcanzado.

Al incorporar y reconocer los logros especiales que se han alcanzado a lo largo del último año (como un nuevo empleo, un matrimonio o cualquier otro acontecimiento de importancia vital) se alimenta la alegría de estas celebraciones y se refuerzan aún más los lazos familiares y comunitarios. El reconocimiento en nuestro cumpleaños de lo que hemos conseguido confiere a la celebración un elemento de ritualidad que puede tener un profundo efecto sobre nosotros y recordarnos que somos sagrados.

Cada familia puede celebrar el ritual con tanta sencillez o complejidad como desee. Al incorporar la ritualidad a las fiestas de cumpleaños, resulta más fácil verlas como los rituales de transición que son. Éste es el mejor denominador común que tenemos en este gran crisol de culturas y razas.

Es hora de llevar nuestras fiestas de cumpleaños un paso más allá y empezar a honrarlas como las ceremonias de transición e hitos del crecimiento que son en realidad. Al hacerlo, podremos redefinir este momento de celebración y convertirlo en el gran ritual estadounidense.

Patricia Cohen ha sido presidenta de la junta del Centro de la Comunidad Judía del condado de Nevada, vicepresidenta de la junta de la escuela Mariposa Waldorf, y vicepresidenta de la junta y coordinadora de programas de New Frontiers of the Gold Country, una organización no gubernamental que trabaja en el ámbito educativo. Su formación en el campo del desarrollo humano y su experiencia profesional con niños en escuelas religiosas, escuelas públicas, centros sociales de día y espacios juveniles le han proporcionado una percepción única sobre los beneficios de los rituales y las tradiciones como herramientas para la unificación de las familias.

En su obra *The Sacred American*, Patricia se aventura más allá de las mundanas y pesadas tareas de la supervivencia cotidiana para ofrecer soluciones profundas a los desafíos de nuestro tiempo.

Encontrarás más información sobre la autora y su obra en: www.sacredamerican.com

LA PIEDRA FILOSOFAL

por Craig Meriwether

Hay veces en que la vida no va bien. Luchas por impedirlo, pero acabas decepcionado, herido, enfadado y deprimido. Es un desastre emocional. Te da la impresión de que la vida se lo está pasando bomba a tu costa clavándote un palo en las costillas. Son días en los que la realidad te abruma de tal modo que te sientes desalentado y sin fuerzas, con ganas de rendirte.

Pero ¿y si hubiera una razón para que sigan apareciendo problemas? Puede que estos retos sean un regalo y que, en realidad, todo ese dolor y esa sensación de fracaso estén ahí para ayudarte. Existe la posibilidad de que puedas usar tu frustración, tu tristeza y tu rabia para construir una vida maravillosa de felicidad y dicha. Y no estoy hablando de una pseudofilosofía de tres al cuarto. Hablo de ciencia, chaval.

La segunda ley de la termodinámica, o ley de la entropía, describe que el caos crece de manera natural hasta que interviene una energía exterior para

171

revertir el proceso. Por ejemplo, cuando sacas una sartén del fuego, el calor se propaga y la sartén se enfría salvo que se vuelva a poner en los fogones.

En la naturaleza no existen los estados estáticos. Todo está en proceso de crecimiento o de muerte, de avance o de retroceso.

Lo mismo pasa con la gente. Salvo que estemos trabajando de manera activa en nuestro crecimiento, aplicando energía a nuestras vidas, vamos menguando poco a poco y perdiendo habilidades. Si nos quedamos en el espacio donde nos sentimos cómodos y dejamos de avanzar, permitimos que la ley de la entropía entre en nuestras vidas. Ya no crecemos. Empezamos a morir.

Sin embargo, cuando la científica galardonada con el Nobel Ilya Prigogine estaba estudiando este fenómeno, descubrió algo asombroso. Si colocas un organismo o un compuesto normal en un entorno cerrado y le transmites una pequeña cantidad de energía, ésta vuelve a salir. Entra y sale, así de sencillo. Pero si sigues añadiendo más energía, la presión comienza a crecer y el organismo empieza a sobrecargarse. En otras palabras: se altera y se irrita. Es lo que se llama «estado de perturbación». Al aumentar la cantidad de energía y presión, el organismo experimenta un estado de caos, hasta llegar a un punto en el que es incapaz de seguir soportándolo. En el punto de máxima sobrecarga, sus sistemas comienzan a fallar. Se descompone y vuelve a sumergirse en la entropía. Como cabía esperar.

Pero lo que descubrió la doctora Prigogine (y por lo que se hizo acreedora al Premio Nobel) es que, si se dan las condiciones apropiadas, sucede algo distinto, algo espectacular. Las cosas no se descomponen. No estallan. No se sumen en el caos. Lo que hace el organismo es reordenarse y evolucionar, transformarse en una estructura más compleja. Es lo mismo que podemos hacer nosotros: tomar la presión y el caos de nuestra vida y usarlos para pasar a un nivel superior. Por eso algunos pacientes de cáncer dicen, a pesar del horror y el miedo que inspiran esta enfermedad, la quimioterapia y la radioterapia, que es lo mejor que les podría haber sucedido. Ahora viven cada día en plenitud, porque cogieron ese caos abrumador que se había desplomado sobre sus vidas y lo utilizaron para pasar a otro nivel. Tuvieron la opción de responder con amargura y hostilidad hacia la vida, pero optaron por crecer emocional, mental y espiritualmente.

Si las cosas no van como quieres en la vida, puede que sea por eso. Los retos y problemas aparecen porque estás listo para pasar a otro nivel. Tienes una visión para tu vida, una visión que creaste en su momento con tus esperanzas, tus sueños y tus deseos, pero no has conseguido cristalizarla aún. Sin embargo, el universo te escucha y ha compuesto una sinfonía de circunstancias y situaciones para que puedas crecer emocional, mental y espiritualmente... si lo deseas. Te proporcionará las condiciones necesarias de presión y estrés para que puedas reorganizarte y pasar al próximo nivel.

Pero... esto sólo sucederá en las condiciones adecuadas. Las condiciones adecuadas únicamente se dan cuando te apoyas a ti mismo, tanto mental como emocionalmente, de una manera saludable, positiva e iluminada. Y sólo cuando tu pensamiento y tu programación mental te permitan anclarte en medio de cualquier tormenta podrás llegar al próximo nivel.

Tu depresión, tu rabia, las creencias que te limitan, las emociones que no deseas, las visiones caducas, los conflictos, las frustraciones y el estrés te impiden alcanzar la fuente de tu capacidad, de todos tus recursos.

«Fuente.» Hablemos de la etimología de esta palabra. Hoy en día «fuente» se define como «el lugar donde se originan las cosas». Pero no siempre ha sido así. Uno de mis mentores, Jim Britt, autor de *Rings of Truth,* encontró una definición antigua en un diccionario del siglo XVI en una tienda de antigüedades de Londres. En este diccionario se definía el término «fuente» (*source*, porque era un diccionario inglés) con una sola palabra: amor. Así que se podría decir que nuestra capacidad y nuestros recursos como personas se originan en el amor. Y el cambio sólo puede tener lugar si estamos en una situación interior apropiada, en contacto con esa fuente; es decir, si estamos llenos de amor. Pero si te aferras a la rabia, la tristeza y las creencias negativas de siempre, no podrás avanzar hasta el siguiente nivel.

Fue Albert Einstein el que dijo: «No puede resolver un problema la misma mentalidad que lo creó. Tienes que aprender a ver el mundo de nuevo.» En otras palabras, si quieres crear una nueva vida debes cambiar la mentalidad con la que creaste la vida que llevas ahora. O, expresado en las sabias palabras de Wayne Dyer: «Cuando cambias tu manera de ver las cosas, las cosas que ves cambian.»

Ahora mismo llevas dentro de ti la materia prima que necesitas para crear diamantes extraordinarios a partir del carbón de tu vida. Puedes vivir con paz y felicidad, pero debes dejar de recorrer la senda del miedo y la lucha. Y debes optar por volverte hacia la fuente, hacia el amor.

Ésta es tu tarea, pues. Debes dar con el método (o mejor aún, con los métodos) para crear espacios en tu interior donde pueda germinar el amor y con él tus recursos. Algunas posibilidades son la meditación, el yoga, la terapia de comportamiento cognitivo o técnicas de liberación emocional, como el método Sedona, la EFT, o la terapia de liberación que yo enseño. Debes dar con el modo de eliminar tus emociones encalladas, utilizando el método que mejor funcione en tu caso y usándolo a diario. Al recurrir a la fuente del amor para que remitan la presión y el estrés de tu vida, podrás reordenarla, empezarás a brillar por dentro y le darás un sentido completamente nuevo a la frase: «Lo que no me mata me hace más fuerte.» Tan duro como un diamante.

CRAIG MERIWETHER luchó con la depresión durante más de veinticinco años. Entonces descubrió cómo convertir ese intenso dolor emocional en «diamantes». Enseña su visión y sus ideas para abrir los ojos a la auténtica felicidad y crear diamantes vitales en un curso gratuito por internet que se puede encontrar en su página www.CraigInRealLife.com. Además, ha creado un revolucionario programa de inminente aparición llamado: «Un giro de 180° para la depresión: cómo eliminar la tristeza, la ansiedad y el desprecio por uno mismo y crear los cimientos de una felicidad duradera.»

Encontrarás más información sobre este curso en: www. Depression180.com

¡PARA, MARCHA ATRÁS
Y ALEGRÍA!

por Marcelle Charrois

Cuando empecé a ir al colegio, me encontré con el hecho de que mi nombre, Marcelle, era raro para la mayoría angloparlante del pequeño pueblo canadiense en el que vivíamos. Nosotros pertenecíamos a una pequeña y articulada comunidad francófona que estaba inmersa en la lengua y la cultura mayoritarias y en las influencias culturales de los vecinos Estados Unidos. «Marcelle es un nombre de chico», solían decirme en el patio para fastidiarme. Y como a cualquier niño, este tipo de comentarios me hacían mucho daño. Recuerdo haber vuelto un día a casa con la cara llena de lágrimas. Al cruzar la puerta, lo primero que hice fue gritarle a mi madre: «Mamá, ¿por qué me pusiste un nombre así?»

Sin perder la calma, mi madre respondió contándome cómo habían decidido ponerme aquel nombre. Antes de tenerme a mí, había tenido un aborto. En el hospital se sentía muy sola y mi padre sólo podía visitarla por las noches, al volver de la oficina. No podía conversar con las enfermeras porque únicamente hablaba francés y ellas inglés. Por suerte, encontró consuelo en la compañía de una jovencita muy dulce de quince años que hablaba su mismo idioma a la que le acababan de extraer el apéndice. La niña se llamaba Marcelle. Como agradecimiento a las visitas diarias de Marcelle, mi madre le prometió que el próximo hijo que tuviese, chico o chica, llevaría su nombre.

Al oír aquella historia se operó un cambio importante dentro de mí. Mi nombre era fruto del amor y de la consideración de una jovencita de quince años. ¡Eso sí que era especial!

Así que, ¿qué debía hacer la próxima vez que alguien, en la escuela o donde fuese, se burlase de mi nombre o lo cuestionara? Consideré con detenimiento mis opciones mientras me prometía que no dejaría que se mofaran de él y me aseguraría de que recibiese el reconocimiento que merecía.

La siguiente ocasión en que mi nombre se convirtió en objeto de curiosidad ajena, proclamé con aire burlón: «Bueno, tienes que entender que vengo del planeta Marte. De ahí viene mi nombre.» ¡Para mi sorpresa, me encontré con una respuesta favorable! A la gente le hizo gracia el comentario y respondió con bromas amistosas. Algunos de ellos incluso comenzaron a saludarme con nombres como «chica de Marte», como muestra de aceptación y para expresar que reconocían mi singularidad.

¡Vaya!, menudo descubrimiento había hecho. Al modificar mi respuesta había creado un reino de posibilidades completamente nuevo. En aquel mismo instante se inició una nueva vida para mí, y a partir de entonces, las historias que contaba sobre mis orígenes marcianos siguieron evolucionando. Incluso hoy generan una respuesta positiva en la gente a la que conozco.

¿Qué secreto encerraba aquello que lo había cambiado todo de manera esencial? La respuesta reside en un proceso de modificación de pensamientos, acciones y resultados que he bautizado como: «¡Para, marcha atrás y alegría!»

Acuérdate de algún momento de tu vida en que te sintieras como un bicho raro o en que las cosas no te estuvieran saliendo bien. ¿Sufres hoy en día sentimientos similares de frustración o alienación?

La buena noticia es que existe una manera de dar la vuelta a estas experiencias. Una manera de volver a entrar en contacto con la irrefutable verdad que te dice a gritos: «¡Eres perfecto!» Las experiencias y vivencias únicas por las que has pasado te han convertido en la persona que eres, tanto en tu forma presente como en la futura. De hecho, tienes mucho que ofrecerle a este mundo tal cual eres, en cualquier momento de tu vida.

Cuando las experiencias pasadas o presentes te inspiren sentimientos que no estén en concordancia con lo que realmente eres o quieres llegar a ser en la vida, estos tres sencillos pasos y las preguntas que los acompañan te ayudarán a recordar que, sin el menor género de duda, eres perfecto exactamente tal como eres.

1. **Para:** ¿Qué es lo que siento? ¿Qué ha provocado estos sentimientos? ¿Qué enseñanzas puedo extraer de ello?
2. **Marcha atrás:** ¿De verdad pienso esto sobre mí? En su lugar, ¿qué prefiero creer sobre mí? ¿A qué le estoy agradecido? ¿Qué deseo hacer en mi vida a partir de este mismo momento? ¿Qué puedo cambiar en mi manera de pensar, sentir y actuar para obtener mejores resultados?
3. **Alegría:** ¿Con qué acciones concretas puedo dar validez y celebrar la verdad que se me acaba de revelar por medio de estas preguntas y respuestas?

Tienes que comprometerte ahora mismo a ponerte en contacto con ese yo tan hermoso que llevas dentro a través de este proceso y hacerlo todos los días. Si perseveras en ello, podrás cambiar para bien tu manera de responder a experiencias aparentemente negativas y te darás cuenta de que eres perfecto tal cual eres. A partir de entonces, te espera un destino dotado de la riqueza y plenitud de todos los colores del arcoíris.

MARCELLE CHARROIS es instructora en inteligencia del corazón, y como tal recurre a un amplio arsenal de prácticas como el yoga, la meditación, la metafísica y las terapias naturales para ayudar a la gente a mejorar su vida. Con su primer libro, *The Alien in Your Closet: Open the Door to Your Inner Child and Unleash Your True Destiny!*, anima a la gente a volver a ponerse en contacto con sus instintos intuitivos, su auténtica identidad y sus pasiones, y de este modo revertir los defectos indeseables del condicionamiento social.

Encontrarás más información sobre la autora y su obra en: www.True2HeartLiving.com

LIMPIEZA CUÁNTICA DEL ALMA: TRES PASOS PARA TRANSFORMAR TU VIDA

por Michelle Manning-Kogler

Nos guste o no, nuestros pensamientos y sentimientos están intrínsecamente interrelacionados. Como una peonza que gira y gira, nuestras ideas y creencias recurrentes pueden generar sentimientos que nos hacen embarrancar en comportamientos derrotistas y nos impiden ver las respuestas que necesitamos. Estos patrones nocivos de pensamiento y sentimiento, combinados, conforman lo que yo llamo «carga energética negativa». Y por su parte, la carga energética negativa provoca que nuestro cerebro realice conexiones neuronales que anclan en el sitio estos pensamientos y sentimientos tan poco constructivos. Tanto el cerebro como el cuerpo quedan así condicionados para esperar resultados concretos. Por eso nos da la impresión de que nos suceden las mismas cosas una y otra vez y por eso es tan complicado hacer cambios en nuestras vidas.

El proceso de limpieza cuántica del alma, desarrollado por mí, es el resultado de años de estudio sobre medicina energética, curación energética a distancia, física cuántica, mecánica cuántica, teoría de cuerdas, psicología e investigación cerebral. Combina verdades espirituales con los más avanzados descubrimientos científicos en una terapia capaz de generar profundos cambios. Se trata de un sencillo método en tres pasos que elimina la carga negativa de nuestros sentimientos hacia los demás, los sucesos pasados o presentes o incluso de nosotros mismos. Con este método de curación disponemos del poder de cambiar lo que sentimos sobre cualquier cosa o persona en cuestión de breves momentos.

Utilizando este proceso podemos obtener paz mental y aumentar nuestra autoestima y confianza. Este refuerzo interior nos permitirá conseguir aquello que emprendamos, lo que a su vez nos ayudará a ganar más dinero o a curarnos. Seremos capaces de reinventarnos a nosotros mismos eliminando las barreras y las cosas con las que luchamos en nuestra vida.

El primer paso del proceso es aprender a entrar en contacto con nuestro interior, con el lugar en el que reside nuestro yo más elevado. Yo llamo a este lugar el «núcleo divino». Por lo general, está situado cerca del diafragma, bajo las costillas, donde a la mayoría de la gente le parece que se encuentra el centro del cuerpo. Es aquí donde normalmente se generan las «reacciones viscerales» y donde recibimos los susurros intuitivos procedentes de la Fuente. Y esto se debe a que es el lugar en el que reside la chispa de Dios (o la Fuente) dentro de nosotros.

Una vez localizado el núcleo divino, el siguiente paso es utilizar una serie de afirmaciones purificadoras para eliminar de manera sistemática las cargas energéticas negativas del cuerpo físico, los cuerpos energéticos, el alma y todos los aspectos de nuestro ser. Por lo general, los bloqueos energéticos tienen profundas raíces en la programación generacional y la instrucción social, así como en las creencias colectivas de la humanidad. Incluso estas ideas y sentimientos pueden estar incrustados en el entorno que nos rodea y manifestarse a través del tiempo y el espacio. Al eliminar estas energías negativas por medio de dichas afirmaciones, desactivamos su posible influencia sobre nosotros.

Una vez que hemos eliminado del todo las cargas energéticas negativas, comienza el último paso del proceso. En éste trabajamos con nuestro yo interior para descargar y reemplazar los pensamientos y experiencias negativos por nuestros deseos. Es el momento en el que debemos trazar un diseño de nuestra vida conforme a lo que queremos.

Por ejemplo, supongamos que queremos superar el trauma de una infidelidad matrimonial y un divorcio desagradable. Cada vez que pensamos en nuestro exconyugue, nos sentimos dolidos y furiosos. Incluso puede que lleguemos a creer que no éramos lo bastante especiales, guapos o dignos para merecer su interés. Esto puede generar sentimientos de baja autoestima, aversión por nosotros mismos y otras respuestas negativas. Queremos superarlo, pero es como si no pudiéramos seguir adelante.

Para empezar a trabajar con las afirmaciones de limpieza cuántica del alma, lo primero que debemos hacer es centrar la atención en nuestro núcleo divino y ponernos en contacto con nuestro yo superior. Debemos tomar la decisión de trabajar con él para dar salida al problema.

A continuación, lo que haremos será formular en voz alta la siguiente afirmación purificadora: «Purifico el engaño y todo lo que representa a través de mi cuerpo físico, de mis cuerpos energéticos y de mí, de todos mis sistemas, de mi ego y de todos sus sistemas, de mis mitocondrias, de todas sus generaciones y todos sus sistemas, de mis proteínas, entornos, asociaciones e interrelaciones, de mi consciencia colectiva y personal, de mi subconsciente y de mi inconsciente, de todos mis sistemas operativos centrales personales, planetarios y universales, y de todas mis interfaces y conexiones con estos sistemas y cualquiera de las formas en que me afectan en el aspecto que sea, manera, tiempo, lugar o espacio, a todos los niveles, en todas las capas y a cualquier profundidad de mi ser.» Debemos enunciarla con toda intensidad, y al hacerlo, ¡sentiremos que la carga energética se disuelve y se disipa por todo nuestro cuerpo!

Cada vez que recitemos la afirmación purificadora, lo que estaremos haciendo en la práctica será pedir que la energía nos abandone, que se deshaga la resonancia con su frecuencia y que el hábito o la adicción con la frecuencia negativa desaparezcan por completo.

Por último, una vez terminada la afirmación purificadora, solicitaremos una descarga de las frecuencias o sentimientos con los que queramos reemplazar la frecuencia del engaño. Podemos pedir cosas como amor, honestidad, relaciones saludables, dicha, curación, paz, tranquilidad, compasión, confianza, integridad, cariño, aprecio ajeno, respeto por nosotros mismos, por los demás, fidelidad, honor u honradez. Pediremos todo lo que queramos hasta que no se nos ocurra nada más.

Al pedir que todas estas frecuencias positivas se descarguen en nosotros, nos daremos cuenta de que empezamos a sentirnos más livianos, más alegres y felices. Hacía mucho tiempo que no nos sentíamos tan bien. Nos invadirá una abrumadora sensación de alivio y de ligereza, como si nos acabaran de quitar un gran peso de encima. ¡Y es que estamos hechos para ser felices!

Es posible que también tengamos que purificar

otras energías, como la rabia, la frustración, la baja autoestima, la sensación de inutilidad, nuestros propios juicios o los de los demás y cualquier otra cosa relacionada con la situación antes de recuperarnos por completo del trauma del divorcio.

El objetivo del proceso es aprender a convertirnos en los amos de nuestra experiencia y, en última instancia, tomar las riendas de nuestra vida y nuestras creaciones. Cada uno de nosotros puede escoger cómo se siente y cómo reacciona a las situaciones. Podemos escoger lo que queremos experimentar. Ya no hace falta que os sintáis como víctimas o participantes pasivos en vuestra propia vida. En este proceso, encontraréis una paz mental, una conexión profunda con la Fuente y una sensación de conexión con vuestro auténtico yo que nunca habíais experimentado.

MICHELLE MANNING-KOGLER es la autora de *Quantum Soul Clearing: Your Ultimate Guide to Personal Transformation.*

Es instructora vital, curandera energética a distancia, terapeuta de la intuición, practicante de la bioenergía y oradora motivacional. Además, ha creado el «proceso de purificación cuántica del alma», que enseña en sus cursos.

Michelle superó un diagnóstico devastador de artritis reumatoide. Gracias a esta experiencia y a años de formación e instrucción intensivos, ha creado una serie de programas personalizados de salud y bienestar para ayudar a los demás a mejorar su estado de salud hasta un punto óptimo.

Vive en Utah con su marido y dos gatos.

Encontrarás más información sobre la autora y su obra en: www.quantumsoulclearing.com

LA REGLA DE ORO:
UN AXIOMA UNIVERSAL

por la reverenda Stacy Goforth

La regla de oro con la que mucha gente se ha criado es: «Trata a los demás como te gustaría que te tratasen a ti.» La idea de que se trata de una enseñanza cristiana está muy extendida, pero lo cierto es que se trata de un principio fundamental de muchas religiones o creencias. Por ejemplo:

Bahaísmo: Y si tus ojos están orientados hacia la justicia, escoge para tu vecino lo que habrías escogido para ti mismo. (*Baha'u'llah*, Pasajes de los escritos)

Budismo: No trates a los demás de un modo que para ti sería dañino. (Buda, *Udanavarga* 5.18)

Cristianismo: Así que todas las cosas que queráis que los hombres hagan con vosotros, así también haced vosotros con ellos; porque ésta es la ley y los profetas. (Jesús, Mateo 7.12)

Confucionismo: Una palabra que resume la base de toda buena conducta es «bondad amorosa». No hagas a los demás lo que no querrías que te hiciesen a ti. (Confucio, *Las analectas* 15.23)

Hinduismo: He aquí la suma de todo el deber: no hagas a otros lo que te causaría dolor si se te hiciese a ti. (*Mahabharata* 5.1517)

Humanismo: Los humanistas reconocen la interdependencia de los humanos, la necesidad de respeto mutuo y la hermandad de toda la humanidad. (Número 5, Los doce principios del Humanismo)

Islam: Ninguno de vosotros tiene fe de verdad hasta que no desea para otros lo que desea para sí mismo. (El profeta Mahoma, Hadith)

Jainismo: Debes tratar a todas las criaturas del mundo como te gustaría que te trataran a ti. (Mahavira, Sutrakritanga)

Judaísmo: Lo que te resulte odioso a ti, no se lo hagas a tu vecino. Esto comprende la totalidad de la Torah; el resto son comentarios. (Hillel, Talmud, Shabbath 31a)

Espiritualidad de los nativos americanos: Todas las cosas están entrelazadas con nosotros. Lo que le hacemos al todo nos lo hacemos a nosotros mismos. Todo es uno, en realidad. (Alce Negro)

Sintoísmo: El corazón de la persona que tienes delante es un espejo. En él puedes ver tu propia forma. (Proverbio sintoísta)

Sijismo: No le soy extraño a nadie y nadie me es extraño a mí. De hecho, soy amigo de todos. (Gurú Granth Sahib, p. 1299)

Taoísmo: Considera que la ganancia de tu vecino es tu ganancia, y su pérdida, la tuya. (Lao Tsé)

Wicca: Haz lo que desees sin dañar a nadie. (Rede Wicca)

Zoroastrismo: Cualquier cosa que no te resulte grata, no se la hagas a los demás. (Shayest na-Shayest 13.29)

Estudiando otras confesiones comencé a descubrir la universalidad de la regla de oro y empecé a aplicarla a mis relaciones con los demás. Cuando llevamos esta regla en el corazón y comenzamos de verdad a regirnos en nuestra vida por ella, engendramos el espacio para una paz inimaginable en nuestras relaciones con los demás.

Muy a menudo, a pesar de tener buenas intenciones, no llegamos a vivir conforme a esa regla. Como no conocemos a los demás y no sabemos lo que creen, nos domina un miedo subyacente a tenderles la mano y ayudarlos. Tememos que piensen que estamos tratando de imponerles nuestra fe. Hasta pueda que tengamos miedo a que reaccionen de manera agresiva. Este miedo nos hace titubear y nos reprime. Así que para practicar de verdad la regla de oro, lo primero que debemos hacer es superar nuestro miedo.

El primer paso para aplicar la regla de oro y eliminar nuestro miedo es quizá el más complicado: comprender que los demás no son muy distintos a nosotros. Debemos ver a la humanidad en todos los demás y también en nosotros mismos. Tenemos algo muy profundo en común con todo el resto de personas del planeta, aunque no nos gusten. Toda persona tiene una historia. Paraos un momento a pensar en esa que espera en la cola de la frutería delante de vosotros. Su vida es como la vuestra. Está cansada al final de una larga jornada y se da cuenta cuando está en la cola de que se le ha olvidado comprar la leche, como os podría pasar a vosotros. O puede que tenga que llegar pronto a casa para preparar la cena, pero la esté haciendo perder el tiempo un niño revoltoso. Esa persona no es muy distinta a vosotros. Por lo que a las cosas importantes de la vida se refiere, nuestras semejanzas son más que nuestras diferencias.

Ahora que podéis ver que la persona de la frutería no es muy distinta a vosotros (los dos estáis comprando fruta, ¿no?), podríais empezar a pensar en lo que podéis hacer para mejorar un poco la vida de esa persona. Podríais ofreceros a correr a la sección de leche para tomar lo que se le ha olvidado o guardarle el turno mientras lo hace ella. Podríais dejarle el dinero suelto que necesita para que no tenga que sacar el monedero con una mano mientras sujeta al bebé con la otra. Hasta podríais decirle hola y sonreírle, simplemente. Esto es lo que significa amar a los demás y tratarlos como nos gustaría que nos trataran a nosotros.

Para romper el ciclo del miedo a los demás, sólo tenemos que darnos cuenta de que todos queremos las mismas cosas: ser felices, tener paz y sentir amor. El hecho de que las principales religiones de la Tierra, así como mucha gente que no sigue una confesión concreta o ni siquiera cree en Dios comparta la misma regla de oro así lo demuestra. Su expresión formal es ligeramente diferente, pero el elemento común está a la vista.

Con demasiada frecuencia permitimos que las diferencias en nuestros credos se interpongan en nuestra manera de ver a los demás. Incluso podemos llegar a creer —tal vez porque nos lo han enseñado así— que la gente de confesiones diferentes cree cosas diferentes y no es digna de confianza, por lo que los tratamos conforme a esta idea preconcebida. Pero cuando uno se encuentra con todas estas «reglas de oro», se da cuenta de que todas las religiones enseñan que debemos amarnos los unos a los otros. Es increíble que todos compartamos tan maravillosa regla. Esta sencilla enseñanza es la piedra angular de las principales religiones y de la humanidad en su conjunto. Salta a la vista que estamos hechos para amarnos los unos a los otros.

Es importante que recordemos esto al tratar con los demás, porque de ser así, nos permitirá aplicar la regla de oro. Cuando nos relacionamos con nuestros semejantes basándonos en las cosas que nos unen y no en las que nos separan, ponemos la semilla de unas relaciones bellas, profundas y llenas de sentido.

Cuando tratamos a los demás como nos gustaría que nos trataran a nosotros, se genera un vínculo energético entre las dos partes que nos permite comportarnos del mismo modo recíprocamente. El mensaje no verbal que nos enviamos se refleja a su vez en su manera de tratarnos. Cuando tratamos a los demás pensando en nuestras semejanzas y con amor, estos sentimientos nos son devueltos decuplicados. Recibimos más cariño, más sinceridad y más comprensión de los que ofrecemos. ¡Qué modo más hermoso de vivir!

La reverenda STACY GOFORTH tiene una misión: educar a gente de todo el mundo en las similitudes de nuestros credos, alimentar la comprensión y reducir el miedo y el odio.

Estudió en el The New Seminary de Nueva York, fue ordenada como ministra interreligiosa en junio de 2011 y en la actualidad ejerce como ministra asociada en el templo interreligioso de esta ciudad.

Stacy ha sido editora en los boletines profesionales *Creative Secretary's Letter* y *The Essential Assistant*, publicados por la Junta de Práctica Empresarial. También ha desempeñado el mismo puesto en otras muchas publicaciones y ha escrito y publicado infinidad de artículos.

Vive con su marido Bob en Groton, Connecticut, donde disfruta con actividades al aire libre como la acampada, las excursiones en canoa y el senderismo.

UNA ACTITUD AGRADECIDA: LA PUERTA DEL DESPERTAR

por Jacob Nordby

Te invito a hacer conmigo un pequeño viaje de la imaginación. Imagina que vas en coche por una carretera. Llegas tarde a una cita. El semáforo se pone en ámbar, pero, dos coches por delante, un conductor prudente se detiene.

Enfadado, golpeas el volante con los puños. «¡Venga —gritas— que me están esperando!»

Todavía alterado, miras de soslayo a la izquierda y allí ves a un mendigo de pie en una esquina con un cartel. Se inclina y te sonríe, pero tú niegas con la cabeza y le haces un gesto para que no se acerque. Sin embargo, lo hace, saca algo del bolsillo y da un golpecito en la ventanilla. Te invade un acceso de alarma que te atenaza la garganta y giras la cabeza en todas direcciones buscando una vía de escape. Vuelve a golpear la ventanilla y lo miras. El mendigo, todavía sonriendo, tiene en la mano un papelito doblado. «Se supone que tengo que darle esto», te dice desde el otro lado del cristal.

No estás convencido, pero piensas que si accedes se marchará, así que bajas la ventanilla unos centímetros para que pueda meter la nota, y la tomas. «Que pase un buen día», te dice con una sonrisa.

Un poco asombrado por lo que acabas de hacer (aceptar una nota de manos de un desconocido), te embarga de pronto la sensación intensa y profundamente arraigada de que lo que ha sucedido es algo importante. Desdoblas la nota. Sólo hay una frase en el papel, escrita pulcramente en tinta azul:

«El mayor regalo que se le puede ofrecer al planeta es despertar y echar a andar con amor.»

Con el corazón desbocado por lo extraño de la situación, respiras hondo y miras a tu alrededor. Has recibido un mensaje muy especial de manos de un extraño mensajero; un mensaje que podría cambiarte la vida.

Mucha gente, al ver los problemas del mundo, se siente impotente y cree que no puede hacer nada para cambiar las cosas. Están seguros de que no pueden ni tan sólo cambiar su propia situación, así que ni se plantean intentarlo con la secular maraña de hambre, enfermedad y opresión que atenaza el mundo. Pero si la nota imaginaria que tienes en la mano ahora mismo fuese real, podrías despertar y echar a andar con amor.

He aquí cómo define el diccionario la palabra «despertar»:

Despertar: (*verbo*) *dejar de dormir; mover, excitar; cortar, interrumpir el sueño a quien está durmiendo; renovar o traer a la memoria algo ya olvidado.*

El mensaje de tu notita es hermoso porque no requiere nada más que un pequeño cambio en la consciencia. No hace falta que te vuelvas millonario, guapo, famoso o culto de pronto. Lo único que te pide es que despiertes y te des cuenta de quién eres en realidad: una manifestación única y poderosa de la Fuente del Amor.

Abre los ojos y comprende tu papel como cocreador de una experiencia completamente nueva en este planeta. No hay obstáculo que pueda bloquear tu acceso al despertar.

Puede que estés pensando: «Vaya, suena bien, pero no tengo ni idea de por dónde empezar.»

Yo te recomendaría una dieta de gratitud pura. Comienza repasando todo aquello de tu vida que funciona. Da gracias por los ojos con los que estás leyendo estas palabras: son fabulosos. Da gracias por el aliento que llena tus pulmones: cada vez que respiras es un milagro. Envía una nota mental de cariño a tu fiel corazón, que late más de cien mil veces al día, seas consciente de ello o no. ¡Sin moverte del sillón, ya has llevado a cabo ese cambio de consciencia! La misma electricidad divina que recorre tu cuerpo alimenta las estrellas en su viaje eterno a través del cosmos. En un destello de espléndido aprecio, acabas de enchufarte a esa misma energía para utilizarla de manera consciente en tu vida a partir de ahora.

Cuando salgas de tu casa, da gracias por todo lo que veas. Da gracias a los árboles, al cielo, al sol y a la luna. Hasta da gracias por los atascos de tráfico.

Y a medida que se desarrolle este proceso, verás que el mundo se transforma a tu alrededor. Disfruta de este nuevo paraíso en la Tierra, y si en tu camino se cruza alguien que ha caído, alarga la mano hacia él y ayúdalo.

En este proceso de aprender a caminar y ver desde otra perspectiva, sé indulgente contigo mismo. Sé bondadoso con los lugares donde los problemas se entrecrucen como una maraña impenetrable y báñalos con tu amor. Seguramente habrá muchos rompecabezas en tu vida que requerirán tiempo para reorganizarse.

Como dijo Rainer Maria Rilke en una ocasión: «Sé paciente con todo aquello que no está resuelto en tu corazón y trata de amar incluso las dudas y preguntas.»

El mayor regalo que le puedes hacer al planeta es despertar y echar a andar con amor. Con cada paso que das hacia una vida de más amor envías vibraciones a través de una telaraña de la consciencia. Cuando llegas a ser consciente de tu propia y perfecta integridad, afectas a todos los demás. No hay necesidad de combatir el mal con las viejas armas del odio y la cólera. Este arsenal está obsoleto, y lo que nos están pidiendo es que utilicemos nuevos instrumentos de paz.

Ten la seguridad de que, allá donde te lleve este viaje del despertar, no estarás solo. Por todo el mundo, otras personas están recibiendo sus propias notas. Te unirás a una creciente multitud de soldados de la paz. Así que adelante, deja que la vela de tu pasión vuelva a encenderse. La luz que emitas atraerá a aquellos que también portan la llama. Se acercarán a ti y te ayudarán a transmitirla a tu más elevado propósito.

JACOB NORDBY es escritor, conferenciante y fundador de una popular revista de espiritualidad por internet, www.YourAwakenedSelf.com. Además, lleva a cabo sesiones de instrucción personal con gente que está atravesando momentos de transición en su vida.

LA BÚSQUEDA
DE TU PROPIO CAMINO:
LA AVENTURA DEFINITIVA

por Tim Anstett

«Yo no busco, encuentro.»

Pablo Picasso

En la leyenda del rey Arturo, los caballeros de la Mesa Redonda emprenden un viaje sagrado en busca del Santo Grial. En un momento crucial del relato se dice que «cada caballero entró en lo más oscuro del bosque» para cumplir con la misión. Esta frase, con frecuencia pasada por alto, es una potente y reveladora metáfora. En la búsqueda de algo sagrado, llega un momento en el que tenemos que continuar solos, adentrarnos en la negrura amenazante de lo desconocido por sendas que nadie ha hollado hasta entonces.

Así es como la mitología representa la búsqueda de lo sagrado: el individuo se adentra solo en el más aterrador de los lugares y debe labrarse su propio camino por medio de la lucha. El mensaje está claro: sólo al adentrarnos en nuestra propia senda encontraremos esa cosa especial, esa sensación que puede dotar de sentido nuestra vida entera.

Y sin embargo, muchos de nosotros intentamos realizarnos en la vida siguiendo los caminos de otros. Erróneamente pensamos que la respuesta definitiva que necesitamos está en manos de otros. Es tentador y engañosamente fácil dejar que sean otros los que busquen en nuestro lugar, pero en mi experiencia, si nos limitamos a hacer esto, nunca llegaremos a alcanzar el premio definitivo.

Por mi parte, camino y camino, siempre en pos de lo sagrado, zambulléndome en religiones, filosofías o psicologías en busca de una perla cultivada que pueda explicar mis pensamientos y sentimientos o me permita profundizar en ellos. Me encantan todas las opciones que ofrecen esos caminos, pero no creo que uno solo contenga todas las respuestas que necesito. Estudio tales cosas porque quiero aprender, quiero obtener algo distinto o nuevo. Y en el proceso, me hago a mí mismo.

Para ello, cojo un poco de lo que ofrece Lao Tsé en *Los tres tesoros,* de lo que nos cuenta Nietzsche sobre el *amor fati,* un poco de Goethe, de Albert Ellis, de Buda y de muchos más, hasta que tengo algo que se me antoja real, sólido y aplicable a mi persona. Buscar todo lo que necesito y deseo en una sola religión o filosofía sería como ir a comprar siempre a la misma tienda: para empezar, una experiencia bastante aburrida, y además, muchas de las cosas que encontraría allí no me sentarían bien. No creo que me colmara. Y no creo que por el hecho de tomar una parte de las enseñanzas de Mahoma o de las teorías de Freud tenga que aceptar la totalidad de lo que ofrecen. Así que, cuando mezclo todos estos ingredientes, descubro que estoy trazando mi propio camino, y, para mí, ése es el único modo de avanzar.

Dejad que lo aclare: no estoy menospreciando ninguna de estas sendas. Muchas de ellas tienen gran valor y pueden ser realmente útiles durante gran parte de la vida de una persona. Pero ninguna vida es reflejo perfecto de la del creador de una senda. En algún momento de tu búsqueda tendrás que desviarte. Supongamos, por ejemplo, que escoges recorrer la senda de Lao Tsé, pero en algún momento del camino tendrás que afrontar una decisión crucial, una oportunidad de oro. Confío en que no tengas miedo de adentrarte en lo más oscuro del bosque y, al hacerlo, puedas trazar el camino que te permitirá encontrar lo que es sagrado para ti.

Tim Anstett, guía vital y laboral, es el fundador y director de Three Treasures Tao Coaching. Su primera obra de teatro, escrita a los veintidós años, fue descrita por el *Philadelphia Inquirer* como «lírica e inquietante». A partir de ahí escribió una docena de obras, cinco novelas y *Honorable Work* (Lindisfarne Press, 1999), su primera incursión en el género de la autoayuda. Esta obra fue también la culminación de dieciocho años de experiencia enseñando instrucción para el éxito en Vocal Expression —o STRIVE, Inc.— una empresa de instrucción para ejecutivos que ha colaborado con casi cincuenta de las empresas de la lista Fortune 500. A lo largo de su vida ha trabajado con infinidad de personas, entre actores galardonados por la Academia y asesinos convictos, ejecutivos y minusválidos psíquicos, dueños de empresas y repartidores, hombres y mujeres, ricos y pobres. En la actualidad colabora con entre tres y cinco grupos de desarrollo personal al año como coordinador para Victories of the Heart, una organización masculina, y también es entrenador del equipo de béisbol de un instituto.

CÓMO AYUDAR A OTROS
A AYUDARTE

por Randy Davila

«Su santidad el Dalai Lama describe dos clases de personas egoístas: los sabios y los ignorantes. Las personas egoístas ignorantes sólo piensan en sí mismas y el resultado de sus acciones es la confusión y el dolor. Las personas egoístas sabias saben que lo mejor que pueden hacer por sí mismas es ayudar a los demás. Como consecuencia, alcanzan la felicidad.»

Pema Chodron,
Cuando todo se derrumba

En el verano de 2004, mi amiga Lydia Monroe decidió viajar a Kenia, situada en la costa oriental del continente africano. Como mujer de negocios estadounidense de cuarenta y tantos años que viajaba en compañía de un grupo de su iglesia, nada podría haber preparado a Lydia para lo que estaba a punto de presenciar.

Mientras visitaban la pequeña aldea de Kitale, Lydia tuvo la oportunidad de ver de cerca a algunos de los llamados «niños de las calles», una etiqueta bajo la que se engloban a los millares de niños a los que han dejado huérfanos las guerras, el hambre y las enfermedades y que vagan sin ningún objetivo por el país, obligados a mendigar, robar y todo lo que sea necesario para sobrevivir.

El mismo día que tuvo esta experiencia, Lydia conoció a Geoffrey Okumu, un joven africano que, a pesar de su formación como trabajador social, tenía una pequeña librería. En retrospectiva, este encuentro cobraría tintes realmente sincrónicos.

Aunque su periplo keniata duró apenas dos semanas, Lydia estaba conmovida en lo más profundo de su ser y decidió hacer algo para ayudar a los niños de las calles. Por muy grande o muy pequeña que fuese su contribución, e independientemente de lo que le costara, sentía que tenía que hacerla.

Al volver a Estados Unidos, comenzó a intercambiar mensajes de correo electrónico con Geoffrey para tratar de encontrar la manera de ayudar a los niños. Así nació, poco después, una idea inspiradora.

Combinando la experiencia empresarial de Lydia y la formación como trabajador social de Geoffrey, abrieron un hogar refugio en Kitale, apropiadamente bautizado como «Oasis de esperanza». El primer día se presentaron en sus puertas cincuenta niños abandonados en busca de alimento, cuidados y amor. En los años que han pasado desde entonces, Oasis de esperanza ha ido creciendo y ahora tiene capacidad para ayudar a 150 de estos niños, a los que facilita ir a la escuela, les proporciona un hogar y, lo que es más importante, les demuestra un cariño que hasta entonces había estado ausente de sus vidas.

Todo esto sucedió como consecuencia de un viaje, de una experiencia y de un deseo de inspiración divina: ayudar a los necesitados.

Como director general de Hierophant Publishing (la editorial que publica este libro), llegan hasta mis manos gran variedad de libros sobre espiritualidad y autoayuda que ofrecen consejos y formación con el objeto de llevar una vida más plena y vibrante. Aquellas ideas que fomentan la plegaria, la meditación, la renovación de los objetivos vitales, el pensamiento positivo y cosas similares representan oportunidades maravillosas de profundizar en el conocimiento de nosotros mismos y llevar la vida que hemos soñado. En mi opinión, este tipo de prácticas son indispensables.

Al mismo tiempo, creo que el más olvidado y menos valorado método de autoayuda es salir y ayudar a otros.

En efecto, además de que, evidentemente, al ayudar a alguien necesitado estamos haciendo algo por él, también lo estamos haciendo por nosotros mismos. ¿Por qué? Es muy sencillo: cuando lo hacemos nos sentimos bien.

Cuando estamos ayudando a otros dejamos de pensar en nosotros mismos, y ésa es otra ventaja. Ese momento aporta perspectiva a nuestra forma de ver las cosas. Sin esta vocación, todas las prácticas de autoayuda, por muy buenas intenciones que tengan, se convierten rápidamente en prácticas de «autoobsesión». Si nos dejamos atrapar en el pantano de nuestra propia problemática, nuestros pensamientos no tardarán en quedar consumidos por el «yo, yo, yo» y nos olvidaremos de que no estamos solos en este planeta y de que hay seres humanos en situaciones mucho peores que la nuestra.

Además, cuando nos sentimos atrapados en esta vida, cuando las cosas no van como nos gustaría, lo que podemos hacer para sentirnos mejor es dirigir nuestra atención a las necesidades de los demás. Probadlo. Creo que los resultados os sorprenderán.

Podemos ayudar a los demás de innumerables maneras, y en mi experiencia no hace falta que nos vayamos muy lejos para hacerlo. Sea en el trabajo, en el barrio o en nuestra propia familia, os aseguro que en cuanto empecéis a buscar las oportunidades de ayudar a los demás, no tardaréis en encontrarlas. Una pequeña advertencia: muchas veces oigo decir a alguien «Me gustaría ayudar, pero el problema es demasiado grande. No puedo hacer nada.» Cuando oigáis salir estas palabras de vuestra boca, quiero que comprendáis que no es más que otro intento de vuestro ego por dejaros recluidos en el calabozo de la desesperación, para que, impotentes y atrapados, sigáis donde estáis.

Por suerte, Lydia y Geoffrey no cayeron en esa trampa. Y aunque el suyo es un ejemplo noble, valiente y monumental que ha contribuido a mejorar las vidas de centenares de niños en Kitale, la verdadera lección es que al ayudar a los demás de manera consciente hacemos del mundo un lugar mejor, y eso también nos hace sentir mejor a nosotros.

Randy Davila se graduó con honores en el Departamento de religión, filosofía y estudios clásicos de la Universidad Mary Washington de Fredericksburg, Virginia. Es director general de Hierophant Publishing y autor de *The Gnostic Mystery*.

Encontrarás más información sobre el autor y su obra en: www.randydavila.com

Para recabar más información sobre Oasis de esperanza y realizar donaciones, puedes visitar www.oasisofhopekitale. blogspot.com

NOTAS

Creatividad: la receta del despertar

1. Thacher Hurd y John Cassidy, *Watercolor for the Artistically Undiscovered* (Palo Alto, CA: Klutz Publishing 1992).

Intención relajada: una senda hacia la paz

1. Terrence Webster-Doyle, *Karate: The Art of Empty Self* (Ojai, CA: Atrium Publications, 1989).

Sé feliz y el éxito vendrá solo

1. «Purpose», Laboratorio de psicofisiología y emociones positivas, Universidad de North Carolina, Chapel Hill, www.unc.edu/peplab.

2. «Dynamic spread of happiness in a large social network: longitudinal analysis over 20 years in the FraminghamHeart Study», James H. Fowler, Nicholas A. Christakis, Universidad de California, Davis, http://jhfowler.ucsd.edu/dynamic_spread_of_happiness.pdf, 2008.

3. Martin E. P. Seligman, PhD (doctorado), *La auténtica felicidad*, (New York: The Free Press, 2002).

BIOGRAFÍAS

Jack Canfield es autor de numerosos libros y coautor de la serie superventas «Caldo de pollo para el alma». Lleva más de treinta años inspirando a emprendedores con sus obras y sus fórmulas para alcanzar el éxito. Jack —el «gran gurú de Estados Unidos»— ostenta dos récords Guinness, uno de ellos por haber colocado siete libros simultáneamente en la lista de más vendidos del *The New York Times*.

Marci Shimoff es coautora de varios de los libros de la serie «Caldo de pollo para el alma», pero se hizo célebre, sobre todo, por su inspiradora narración *Feliz porque sí: siete pasos para alcanzar la felicidad desde el interior*. También ha participado en la obra multimedia *El secreto*.

Janet Bray Attwood y Chris Attwood son los autores del gran éxito de ventas *Descubre el secreto* (Zenith). Además, son los cofundadores de la revista digital *Healthy, Wealthy and Wise*, en la que han entrevistado a personas tan edificantes como Byron Katie, Wayne Dyer y el reverendo Michael Beckwith, entre otras.